目次

すべての事業者に必須の
個人情報保護実務検定
精選対策問題集

3級　問題・解答・解説 …………… 005

2級　問題・解答・解説 …………… 059

1級　問題・解答・解説 …………… 129

※2択と4択の問題数の比率及び、1級と2級における、課題Ⅰと課題Ⅱの問題数の比率は、実際の試験と異なる場合があります。

※平成27年9月9日に公布された個人情報保護法の改正法は、何回かに分けて段階的に施行されるため、解説において、「現行法」と「改正法」の条文番号が異なる箇所については、それぞれの条文番号を表記しています。

3級

出題分野

課題Ⅰ　個人情報保護の総論
　▪ 個人情報保護法の理解

試験形態：マークシート方式
問 題 数：50問（2択20問・4択30問）
合格基準：80％以上
試験時間：60分

■ 以下は、個人情報保護の総論に関する問題である。正しい場合にはアを、誤っている場合にはイを選択しなさい。

問題 01
個人情報保護法の制定以前には、我が国において、個人情報保護について定めた法律は存在しなかった。

ア．正しい　　イ．誤っている

解説 ▶▶ 個人情報保護法制定の経緯・社会的背景

2003年5月の個人情報保護法の制定以前にも、我が国においては、1988年に公布された「行政機関の保有する電子計算機処理に係る個人情報の保護に関する法律」等の個人情報保護について定めた法律が存在した。

解答 ▶▶ イ

問題 02
OECD8原則のうち、個人データは、適法・公正な手段により、かつ、情報主体に通知又は同意を得て収集されるべきとする「収集制限の原則」は、個人情報保護法上の適正な取得（法17条）に反映されている。

ア．正しい　　イ．誤っている

解説 ▶▶ OECD8原則

OECD8原則のうち、個人データは、適法・公正な手段により、かつ、情報主体に通知又は同意を得て収集されるべきとする「収集制限の原則」は、個人情報保護法上の適正な取得（法17条）に反映されている。

解答 ▶▶ ア

問題 03
JIS Q 15001は、個人情報を事業の用に供している、あらゆる種類、規模の事業者に適用できる個人情報保護マネジメントシステムに関する要求事項について規定する日本工業規格である。

ア．正しい　　イ．誤っている

解説 ▶▶ JIS Q 15001・プライバシーマーク制度

JIS Q 15001は、個人情報を事業の用に供している、あらゆる種類、規模の事業者に適用できる個人情報保護マネジメントシステムに関する要求事項について規定する日本工業規格である。

解答 ▶▶ ア

問題 04 プライバシーマーク制度は、日本工業規格のJIS Q 15001の適合性を評価する制度である。

　　ア．正しい　　イ．誤っている

解説 ▶▶ JIS Q 15001・プライバシーマーク制度

プライバシーマーク制度は、日本工業規格のJIS Q 15001の適合性を評価する制度である。適切な個人情報保護のための体制を整備している事業者に対し、その申請に基づいて、一般財団法人日本情報経済社会推進協会（JIPDEC）及びその指定審査機関が評価・認定し、その証として、プライバシーマークを付与している。

解答 ▶▶ ア

問題 05 個人情報保護法には、個人情報の漏えいによって損害が生じた場合、損害賠償請求をすることができるといった規定が存在する。

　　ア．正しい　　イ．誤っている

解説 ▶▶ 個人情報保護法の現状・総論

個人情報保護法には損害賠償に関する規定は存在せず、個人情報の漏えいによって損害が生じた場合の損害賠償請求については、民法等の規定によることになる。

解答 ▶▶ イ

問題 06 学校や自治会において、連絡先等が書かれた名簿や緊急連絡網などを作成・配付することは禁止されておらず、本人の同意がなくても作成・配付をすることができる。

　　ア．正しい　　イ．誤っている

解説 ▶▶ 個人情報保護法の現状・総論

学校や自治会における名簿や緊急連絡網などの作成については、個人情報保護法上、利用目的（緊急連絡網として使用するなど）を定めて、本人や保護者から同意を得て作成することが必要であり、同意が不要となるわけではない。

解答 ▶▶ イ

問題 07
官報、電話帳、職員録等で公にされている情報は、「個人情報」に当たることはない。
　　ア．正しい　　イ．誤っている

解説 ▶▶ 個人情報・個人情報データベース等

官報、電話帳、職員録等で公にされている情報であっても、「個人情報」に当たることがある。

　　　　　　　　　　　　　　　　　　　　　　　　　　　　　解答 ▶▶ イ

問題 08
映像情報（防犯カメラに記録された情報等）は、「個人情報」には当たらない。
　　ア．正しい　　イ．誤っている

解説 ▶▶ 個人情報・個人情報データベース等

本人が判別できる映像情報（防犯カメラに記録された情報等）も、「個人情報」に当たり得る。

　　　　　　　　　　　　　　　　　　　　　　　　　　　　　解答 ▶▶ イ

問題 09
アンケートの戻りはがきが、氏名、住所等により分類整理されていない状態である場合は、「個人情報データベース等」に該当しない。
　　ア．正しい　　イ．誤っている

解説 ▶▶ 個人情報・個人情報データベース等

アンケートの戻りはがきが、氏名、住所等により分類整理されていない状態である場合は、特定の個人情報を他人によっても容易に検索可能な状態に置いていないので、「個人情報データベース等」に該当しない。

　　　　　　　　　　　　　　　　　　　　　　　　　　　　　解答 ▶▶ ア

問題10 家庭内暴力、児童虐待の被害者の支援団体が、加害者（配偶者又は親権者）及び被害者（配偶者又は子）を本人とする個人データを保有している場合、当該個人データは「保有個人データ」に該当する。

　　ア．正しい　　イ．誤っている

解説 ▶▶ 個人データ・保有個人データ

「保有個人データ」とは、個人情報取扱事業者が、開示、内容の訂正、追加又は削除、利用の停止、消去及び第三者への提供の停止を行うことのできる権限を有する個人データであって、その存否が明らかになることにより公益その他の利益が害されるものとして政令で定めるもの又は1年以内の政令で定める期間（6か月）以内に消去することとなるもの以外のものをいうとされている（法2条5項）。そして、これを受けた個人情報の保護に関する法律施行令3条1号は、「個人保有データ」に当たらないものとして、「当該個人データの存否が明らかになることにより、本人又は第三者の生命、身体又は財産に危害が及ぶおそれがあるもの」を挙げている。このため、家庭内暴力、児童虐待の被害者の支援団体が、加害者（配偶者又は親権者）及び被害者（配偶者又は子）を本人とする個人データを保有している場合、当該個人データは「保有個人データ」に該当しない。

解答 ▶▶ イ

問題11 「個人情報取扱事業者」とは、個人情報データベース等を事業の用に供している者をいい、ここでいう「事業の用に供している」の「事業」には、一定の目的をもって反復継続して遂行される同種の行為であって、かつ、一般社会通念上事業と認められるものをいうので、営利事業を行っている者に限られず、NPOのような非営利法人も含まれ、また、国の機関等も含まれる。

　　ア．正しい　　イ．誤っている

解説 ▶▶ 個人情報取扱事業者

「個人情報取扱事業者」とは、個人情報データベース等を事業の用に供している者をいうが、「国の機関」等は除かれる（法2条3項1号以下）。
なお、「事業の用に供している」の「事業」には、一定の目的をもって反復継続して遂行される同種の行為であって、かつ、一般社会通念上事業と認められるものをいうので、営利事業を行っている者に限られず、NPOのような非営利法人も含まれるので、この点は正しい。

解答 ▶▶ イ

問題12 個人情報取扱事業者は、原則として、あらかじめ本人の同意を得ないで、利用目的の達成に必要な範囲を超えて、個人情報を取り扱ってはならない。

　　　ア．正しい　　イ．誤っている

解説 ▶▶ 個人情報の利用目的の特定・制限

個人情報取扱事業者は、原則として、あらかじめ本人の同意を得ないで、法15条の規定により特定された利用目的の達成に必要な範囲を超えて、個人情報を取り扱ってはならない（法16条1項）。

解答 ▶▶ ア

問題13 不登校や不良行為等児童生徒の問題行動について、児童相談所、学校、医療行為等の関係機関が連携して対応するために、関係機関等の間でその児童生徒の情報を交換する場合は、あらかじめ本人の同意を得る必要はない。

　　　ア．正しい　　イ．誤っている

解説 ▶▶ 個人情報の利用目的の特定・制限

公衆衛生の向上又は児童の健全な育成の推進のために特に必要がある場合であって、本人の同意を得ることが困難であるときは、当初の利用目的に含まれていない場合でも、目的外利用を認める例外事由に当たる（法16条3項3号）。不登校や不良行為等児童生徒の問題行動について、児童相談所、学校、医療行為等の関係機関が連携して対応するために、関係機関等の間でその児童生徒の情報を交換する場合は、これに当たるため、あらかじめ本人の同意を得る必要はない。

解答 ▶▶ ア

問題14 個人情報取扱事業者は、アンケートに記載された個人情報を当該本人から直接取得する場合、あらかじめ、本人に対し、その利用目的を明示する必要はない。

　　　ア．正しい　　イ．誤っている

解説 ▶▶ 個人情報の適正な取得・取得に際しての利用目的の通知・公表等

個人情報取扱事業者は、本人との間で契約を締結することに伴って契約書その他の書面に記載された当該本人の個人情報を取得する場合、あらかじめ、本人に対し、その利用目的を明示しなければならない（法18条2項）。この規定は、アンケートに記載された個人情報を当該本人から直接取得する場合にも適用される。

解答 ▶▶ イ

問題 15 個人情報取扱事業者は、インターネット、官報、職員録等から個人情報を取得する場合、あらかじめその利用目的を公表していない場合でも、速やかに本人にその利用目的を通知・公表する必要はない。

　　　ア．正しい　　イ．誤っている

解説 ▶▶ 個人情報の適正な取得・取得に際しての利用目的の通知・公表等

個人情報取扱事業者は、インターネット、官報、職員録等から個人情報を取得する場合も、あらかじめその利用目的を公表している場合を除き、原則として、速やかに、その利用目的を、本人に通知し、又は公表しなければならない（法18条1項）。

解答 ▶▶ イ

問題 16 個人情報取扱事業者は、利用目的の達成に必要な範囲内において、個人データを正確かつ最新の内容に保つよう努めなければならない。

　　　ア．正しい　　イ．誤っている

解説 ▶▶ データ内容の正確性の確保

個人情報取扱事業者は、利用目的の達成に必要な範囲内において、個人データを正確かつ最新の内容に保つよう努めなければならない。

解答 ▶▶ ア

問題 17 委託する業務内容に対して必要のない個人データを提供し、委託先が個人データを漏えいした場合、安全管理措置義務違反となり得る。

　　　ア．正しい　　イ．誤っている

解説 ▶▶ 安全管理措置

委託する業務内容に対して必要のない個人データを提供し、委託先が個人データを漏えいした場合、安全管理措置の義務違反となり得る。

解答 ▶▶ ア

問題 18 安全管理措置のうち、「従業員に対する内部規程等の周知・教育・訓練の実施」は、組織的安全管理措置として講じなければならない事項に含まれる。

　　ア．正しい　　イ．誤っている

解説▶▶ 安全管理措置

従業員に対する内部規程等の周知・教育・訓練の実施は、人的安全管理措置として講じなければならない事項として挙げられている。

解答▶▶ イ

問題 19 個人情報取扱事業者は、その従業者に個人データを取り扱わせるに当たっては、当該個人データの安全管理が図られるよう、当該従業者に対する必要かつ適切な監督を行わなければならない。

　　ア．正しい　　イ．誤っている

解説▶▶ 従業者の監督・委託先の監督

個人情報取扱事業者は、その従業者に個人データを取り扱わせるに当たっては、当該個人データの安全管理が図られるよう、当該従業者に対する必要かつ適切な監督を行わなければならない（法21条）。

解答▶▶ ア

問題 20 個人情報取扱事業者が、国内に居住している個人の個人データを外国の会社に提供する場合は、あらかじめ本人の同意を得る必要はない。

　　ア．正しい　　イ．誤っている

解説▶▶ 個人データの第三者への提供・オプトアウト・共同利用

個人情報取扱事業者が、国内に居住している個人の個人データを外国の会社に提供する場合は、個人データの第三者提供に当たる。このため、原則として、あらかじめ本人の同意を得る必要がある。

解答▶▶ イ

■ 次の問に対応するものを、各選択肢（ア～エ）から1つ選びなさい。

問題 21

個人情報保護法に関する経緯・社会的背景に関する以下のアからエまでの記述のうち、誤っているものを1つ選びなさい。

ア. 個人情報保護法の制定以前には、我が国において、個人情報保護について定めた法律は存在しなかった。

イ. 個人情報保護法は、2003年5月に国会で可決成立し、その1週間後に公布され、基本法と呼ばれる部分が公布日に即日施行された。

ウ. 個人情報保護法制定の社会的背景として、高度情報通信社会の進展に伴い、個人情報の利用が著しく拡大したことが挙げられる。

エ. 個人情報保護法の制定は、OECD8原則の採択より後になされたものである。

解説 ▶▶ 個人情報保護法制定の経緯・社会的背景

本問は、個人情報保護法制定の経緯・社会的背景についての理解を問うものである。

ア 誤り。 2003年5月の個人情報保護法の制定以前にも、我が国においては、1988年に公布された「行政機関の保有する電子計算機処理に係る個人情報の保護に関する法律」等の個人情報保護について定めた法律が存在した。従って、本記述は誤っている。

イ 正しい。 個人情報保護法は、2003年5月に国会で可決成立し、その1週間後に公布され、公布日に第1章から第3章までの基本法部分が即日施行された。なお、全面施行されたのは2005年4月である。従って、本記述は正しい。

ウ 正しい。 個人情報保護法制定の社会的背景として、高度情報通信社会の進展に伴い、個人情報の利用が著しく拡大したことが挙げられる。従って、本記述は正しい。

エ 正しい。 OECD8原則の採択は1980年9月であり、個人情報保護法の制定は2003年5月である。従って、個人情報保護法の制定は、OECD8原則の採択より後になされたものである。ヨーロッパ諸国を中心に日・米を含めた約30か国が加盟するOECD（経済協力開発機構）は、各国間で個人情報をやり取りする際の個人情報保護のレベルを一定に保つため、1980年に「プライバシー保護と個人データの国際流通についてのガイドラインに関するOECD理事会勧告」を採択し、その勧告付属文書として「プライバシー保護と個人データの国際流通についてのガイドライン」（OECDプライバシーガイドライン）を公表した。このガイドラインに含まれる基本原則がOECD8原則と呼ばれるものである。日本でもOECD8原則を受け、個人情報保護法が制定された。従って、本記述は正しい。

解答 ▶▶ ア

問題22 OECD8原則に関する以下のアからエまでの記述のうち、誤っているものを1つ選びなさい。

ア． OECD8原則とは、1980年に採択された「プライバシー保護と個人データの国際流通についてのガイドラインに関するOECD理事会勧告」の中に示されている原則のことをいう。

イ． OECD8原則のうち、データ主体の同意がある場合又は法律の規定による場合以外は、個人データを目的以外に使ってはならないとする「利用制限の原則」は、個人情報保護法上の利用目的による制限（法16条）等に反映されている。

ウ． OECD8原則のうち、データは、利用目的に沿ったもので、かつ、正確・完全・最新であるべきとする「データ内容の原則」は、個人情報保護法上のデータ内容の正確性の確保（法19条）に反映されている。

エ． OECD8原則のうち、自己に関するデータの所在及び内容を確認させ、又は異議申立てを保証すべきであるとする「個人参加の原則」は、個人情報保護法上の安全管理措置（法20条）に反映されている。

解説 ▶▶ OECD8原則

本問は、日本の個人情報保護法にも影響を及ぼしているOECD8原則についての理解を問うものである。

ア 正しい。 OECD8原則とは、1980年にOECD（経済協力開発機構）で採択された「プライバシー保護と個人データの国際流通についてのガイドラインに関するOECD理事会勧告」の中に示されている原則のことである。従って、本記述は正しい。

イ 正しい。 OECD8原則のうち、データ主体の同意がある場合又は法律の規定による場合以外は、個人データを目的以外に使ってはならないとする「利用制限の原則」は、個人情報保護法上の利用目的による制限（法16条）等に反映されている。従って、本記述は正しい。

ウ 正しい。 OECD8原則のうち、データは、利用目的に沿ったもので、かつ、正確・完全・最新であるべきとする「データ内容の原則」は、個人情報保護法上のデータ内容の正確性の確保（法19条）に反映されている。従って、本記述は正しい。

エ 誤り。 OECD8原則のうち、自己に関するデータの所在及び内容を確認させ、又は異議申立てを保証すべきであるとする「個人参加の原則」は、個人情報保護法上の保有個人データの開示（法25条）等に反映されている。なお、安全管理措置（法20条）に反映されているのは、合理的安全保護措置により、紛失・破壊・使用・修正・開示等から保護するべきとする「安全保護の原則」である。従って、本記述は誤っている。

解答 ▶▶ エ

問題23 JIS Q 15001に関する以下のアからエまでの記述のうち、誤っているものを1つ選びなさい。

ア．JIS Q 15001は、個人情報を事業の用に供している、あらゆる種類、規模の事業者に適用できる個人情報保護マネジメントシステムに関する要求事項について規定する日本工業規格である。

イ．JIS Q 15001は、個人情報保護法成立以前に制定された日本工業規格であるため、個人情報保護法との整合性については配慮されていない。

ウ．JIS Q 15001は、事業者の代表者に対して、個人情報保護の理念を明確にした上で、個人情報保護方針を定めるとともに、これを実行し維持しなければならないとしている。

エ．JIS Q 15001は、事業者の個人情報の取得、利用及び提供に関する原則を定めている。

解説 ▶▶ JIS Q 15001

本問は、個人情報保護に関する日本工業規格であるJIS Q 15001「個人情報保護マネジメントシステム―要求事項―」についての理解を問うものである。

ア 正しい。 JIS Q 15001は、個人情報を事業の用に供している、あらゆる種類、規模の事業者に適用できる個人情報保護マネジメントシステムに関する要求事項について規定する日本工業規格である。従って、本記述は正しい。

イ 誤 り。 JIS Q 15001は、1999年に制定されており、個人情報保護法成立以前に制定された日本工業規格である。しかし、個人情報保護法が2003年5月に制定され、2005年4月に全面施行されたことを受けて、JIS Q 15001は2006年5月に改定された。この改定により個人情報保護法との用語の統一などがなされており、個人情報保護法との整合性について配慮されている。従って、本記述は誤っている。

ウ 正しい。 JIS Q 15001は、事業者の代表者に対して、個人情報保護の理念を明確にした上で、個人情報保護方針を定めるとともに、これを実行し維持しなければならないとしている。従って、本記述は正しい。

エ 正しい。 JIS Q 15001は、事業者の個人情報の取得、利用及び提供に関する原則を定めている。具体的には、「利用目的の特定」「適正な取得」「特定の機微な個人情報の取得、利用および提供の制限」「本人から直接書面によって取得する場合の措置」などの項目について詳細に定めている。従って、本記述は正しい。

解答 ▶▶ イ

問題24 プライバシーマーク制度に関する以下のアからエまでの記述のうち、誤っているものを1つ選びなさい。

ア．プライバシーマーク制度は、日本工業規格のJIS Q 15001の適合性を評価する制度である。
イ．プライバシーマーク制度の目的は、1つは、「消費者の目に見えるプライバシーマークで示すことによって、個人情報の保護に関する消費者の意識の向上を図ること」、もう1つは、「適切な個人情報の取扱いを推進することによって、消費者の個人情報の保護意識の高まりにこたえ、社会的な信用を得るためのインセンティブを事業者に与えること」にあるとされている。
ウ．プライバシーマークの付与認定に当たっては、書類審査のみであり、現地審査は行われない。
エ．プライバシーマーク付与の有効期間は、2年間とされている。

解説 ▶▶ プライバシーマーク制度

本問は、個人情報保護に関する事業者の取組みの一環として用いられているプライバシーマーク制度についての理解を問うものである。

ア 正しい。　プライバシーマーク制度は、日本工業規格のJIS Q 15001の適合性を評価する制度である。適切な個人情報保護のための体制を整備している事業者に対して、その申請に基づき、一般財団法人日本情報経済社会推進協会（JIPDEC）およびその指定審査機関が評価・認定し、その証として、プライバシーマークを付与し、事業活動に関してそのロゴマークの使用を認めている。従って、本記述は正しい。

イ 正しい。　プライバシーマーク制度の目的は、（1）消費者の目に見えるプライバシーマークで示すことによって、個人情報の保護に関する消費者の意識の向上を図ること、（2）適切な個人情報の取扱いを推進することによって、消費者の個人情報の保護意識の高まりにこたえ、社会的な信用を得るためのインセンティブを事業者に与えることにあるとされている。従って、本記述は正しい。

ウ 誤り。　プライバシーマークの付与認定に当たっては、書類審査のみならず、現地審査も行われる。
　　　　　　従って、本記述は誤っている。

エ 正しい。　プライバシーマーク付与の有効期間は、2年間とされている（以降は、2年ごとの更新が必要とされている）。従って、本記述は正しい。

解答 ▶▶ ウ

問題 25 個人情報保護に関するいわゆる「過剰反応」として問題となっている事例に関する以下のアからエまでの記述のうち、正しいものを1つ選びなさい。

ア．学校や自治会において、連絡先等が書かれた名簿や緊急連絡網などを作成・配付することは禁止されておらず、本人の同意がなくても作成・配付をすることができる。

イ．個人情報保護法上、本人の同意なく、避難行動要支援者名簿を作成することは問題が多いとされ、災害対策基本法という法律でも、避難行動要支援者名簿の作成は禁止されている。

ウ．いわゆる「過剰反応」により、民生委員・児童委員の活動のベースともなる要援護者の情報が適切に提供されなくなり、民生委員・児童委員の活動に支障が出ているというケースがあるが、民生委員・児童委員は、特別職の地方公務員とされており、その職務の遂行に必要な個人データの提供を受けることは、個人データの第三者提供の制限の例外と考えることができる。

エ．統計調査の調査員に対して個人データの提供を拒むことは、いわゆる「過剰反応」であると考えられるが、本人の同意がなければ、統計調査の調査員に対して個人データを提供することはできない。

解説 ▶▶ 個人情報保護における過剰反応の問題

個人情報保護法は、「個人の権利利益の保護」と「個人情報の有用性」のバランスの上に成り立っており、個人情報であるからといって何でも保護することは問題であると指摘されている。これは、個人情報保護に関するいわゆる「過剰反応」の問題であるとされるが、本問は、この過剰反応の問題の理解を問うものである。

ア 誤り。 学校や自治会における名簿や緊急連絡網などの作成については、個人情報保護法上、利用目的（緊急連絡網として使用するなど）を定めて、本人や保護者から同意を得て作成することが必要であり、同意が不要となるわけではない。従って、本記述は誤っている。

イ 誤り。 災害対策基本法は、平成25年に改正（平成26年4月1日施行）され、避難行動要支援者名簿の作成を市町村に義務付けるとともに、その作成に際し必要な個人情報を利用できることとされた（災害対策基本法49条の10以降）。従って、本記述は誤っている。

ウ 正しい。 いわゆる「過剰反応」により、民生委員・児童委員の活動のベースともなる要援護者の情報が適切に提供されなくなり、民生委員・児童委員の活動に支障が出ているという報告がある。民生委員・児童委員は、特別職の地方公務員とされており、守秘義務も課せられていることから（民生委員法15条）、その職務の遂行に必要な個人データの提供を受けることは、個人データの第三者提供の制限の例外と考えることができる（個人情報保護法23条1項4号）。従って、本記述は正しい。

エ 誤り。 法23条1項1号は、「法令に基づく場合」においては、あらかじめ本人の同意を得ないで、個人データを第三者に対して提供することができる旨、規定している。この「法令に基づく場合」には、国勢調査などの基幹統計調査に関する協力要請に応じる場合（統計法13条、30条）などが含まれる。従って、本記述は誤っている。

解答 ▶▶ ウ

問題26 以下のアからエまでの記述のうち、個人情報保護法の目的・基本理念に関する【問題文A】から【問題文C】までの内容として正しいものを1つ選びなさい。

【問題文A】個人情報保護法は、個人情報の有用性に配慮しつつ、個人の権利利益を保護することを目的としている。

【問題文B】個人情報保護法は、その基本理念において、個人情報と個人の人格尊重の理念との関係については触れていない。

【問題文C】個人情報保護法は、その基本理念において、個人情報の適正な取扱いについては触れていない。

ア．Aのみ正しい。
イ．Bのみ正しい。
ウ．Cのみ正しい。
エ．すべて誤っている。

解説 ▶▶ 目的・基本理念（法1条、3条）

個人情報保護法は、法1条で個人情報保護法の目的を定めており、法3条で個人情報保護法の基本理念を定めている。本問は、この個人情報保護法の目的・基本理念についての理解を問うものである。

A 正しい。 個人情報保護法は、個人情報の有用性に配慮しつつ、個人の権利利益を保護することを目的としている（法1条）。従って、本記述は正しい。

B 誤り。 個人情報保護法は、その基本理念において、個人情報は個人の人格尊重の理念の下に慎重に取り扱われるべきものであると定め、両者の関係について触れている（法3条）。従って、本記述は誤っている。

C 誤り。 個人情報保護法は、その基本理念において、個人情報はその適正な取扱いが図られなければならないと定めている（法3条）。従って、本記述は誤っている。

以上により、問題文BCは誤っているが、Aは正しい。従って、正解は肢アとなる。

解答 ▶▶ ア

問題27 個人情報保護法に関する以下のアからエまでの記述のうち、誤っているものを1つ選びなさい。

ア. 地方公共団体は、個人情報保護法の趣旨にのっとり、その地方公共団体の区域の特性に応じて、個人情報の適正な取扱いを確保するために必要な施策を策定し、及びこれを実施する責務を有する。

イ. 国は、地方公共団体が策定し、又は実施する個人情報の保護に関する施策及び国民又は事業者等が個人情報の適正な取扱いの確保に関して行う活動を支援するため、情報の提供、事業者等が講ずべき措置の適切かつ有効な実施を図るための指針の策定その他の必要な措置を講ずるものとされている。

ウ. 国は、個人情報の取扱いに関し事業者と本人との間に生じた苦情の適切かつ迅速な処理を図るために必要な措置を講ずるものとはされていない。

エ. 国は、地方公共団体との適切な役割分担を通じ、個人情報取扱事業者による個人情報の適正な取扱いを確保するために必要な措置を講ずるものとされている。

解説 ▶▶ 法2章・3章（法4条〜14条）

個人情報保護法は、第2章で個人情報保護をめぐる国及び地方公共団体の責務等について、第3章で個人情報の保護に関する施策等について定めている。本問は、この個人情報保護法第2章・第3章の規定に関する理解を問うものである。

ア 正しい。 地方公共団体は、個人情報保護法の趣旨にのっとり、その地方公共団体の区域の特性に応じて、個人情報の適正な取扱いを確保するために必要な施策を策定し、及びこれを実施する責務を有する（法5条）。従って、本記述は正しい。

イ 正しい。 国は、地方公共団体が策定し、又は実施する個人情報の保護に関する施策及び国民又は事業者等が個人情報の適正な取扱いの確保に関して行う活動を支援するため、情報の提供、事業者等が講ずべき措置の適切かつ有効な実施を図るための指針の策定その他の必要な措置を講ずるものとされている（法8条）。従って、本記述は正しい。

ウ 誤り。 国は、個人情報の取扱いに関し事業者と本人との間に生じた苦情の適切かつ迅速な処理を図るために必要な措置を講ずるものとされている（法9条）。従って、本記述は誤っている。

エ 正しい。 国は、地方公共団体との適切な役割分担を通じ、個人情報取扱事業者による個人情報の適正な取扱いを確保するために必要な措置を講ずるものとされている（法10条）。従って、本記述は正しい。

解答 ▶▶ ウ

問題 28 以下のアからエまでの記述のうち、個人情報保護法に関する【問題文A】から【問題文C】までの内容として正しいものを1つ選びなさい。

【問題文A】 政府は、個人情報の保護に関する施策の総合的かつ一体的な推進を図るため、個人情報の保護に関する基本方針を定めなければならない。

【問題文B】 地方公共団体は、個人情報の適正な取扱いを確保するため、その区域内の事業者及び住民に対する支援に必要な措置を講ずるよう努めなければならない。

【問題文C】 国及び地方公共団体は、個人情報の保護に関する施策を講ずるにつき、相協力するものとされている。

ア．Aのみ誤っている。
イ．Bのみ誤っている。
ウ．Cのみ誤っている。
エ．すべて正しい。

解説 ▶▶ 法2章・3章（法4条～14条）

個人情報保護法第2章・第3章は、個人情報保護をめぐる国及び地方公共団体の責務等について定めている。本問は、この国及び地方公共団体の責務等についての理解を問うものである。

A 正しい。 政府は、個人情報の保護に関する施策の総合的かつ一体的な推進を図るため、個人情報の保護に関する基本方針を定めなければならない（法7条1項）。従って、本記述は正しい。

B 正しい。 地方公共団体は、個人情報の適正な取扱いを確保するため、その区域内の事業者及び住民に対する支援に必要な措置を講ずるよう努めなければならない（法12条）。従って、本記述は正しい。

C 正しい。 国及び地方公共団体は、個人情報の保護に関する施策を講ずるにつき、相協力するものとされている（法14条）。従って、本記述は正しい。

以上により、問題文ABCはすべて正しい。従って、正解は肢エとなる。

解答 ▶▶ エ

問題29

「個人情報」に関する以下のアからエまでの記述のうち、誤っているものを1つ選びなさい。

ア.「個人情報」には、公刊物等によって公にされている情報も含まれ得る。
イ.「個人情報」には、音声による情報も含まれ得る。
ウ.「個人情報」には、人の評価に関する情報は含まれない。
エ.「個人情報」には、防犯カメラに記録された情報等本人が判別できる映像情報も含まれ得る。

解説 ▶▶ 個人情報（法2条1項）

「個人情報」とは、生存する「個人に関する情報」であって、当該情報に含まれる氏名、生年月日その他の記述等により特定の個人を識別することができるもの（他の情報と容易に照合することができ、それにより特定の個人を識別することができることとなるものを含む。）をいうと定義されている（法2条1項）。本問は、この「個人情報」についての理解を問うものである。

ア 正しい。「個人情報」の要件である「個人に関する情報」には、氏名、性別、生年月日等個人を識別する情報に限られず、個人の身体、財産、職種、肩書等の属性に関して、事実、判断、評価を表すすべての情報が含まれる。よって、「個人情報」には、公刊物等によって公にされている情報も含まれ得る。従って、本記述は正しい。

イ 正しい。「個人情報」の要件である「個人に関する情報」には、氏名、性別、生年月日等個人を識別する情報に限られず、個人の身体、財産、職種、肩書等の属性に関して、事実、判断、評価を表すすべての情報が含まれる。よって、「個人情報」には、音声による情報も含まれ得る。従って、本記述は正しい。

ウ 誤り。「個人情報」の要件である「個人に関する情報」には、氏名、性別、生年月日等個人を識別する情報に限られず、個人の身体、財産、職種、肩書等の属性に関して、事実、判断、評価を表すすべての情報が含まれる。よって、「個人情報」には、人の評価に関する情報も含まれ得る。従って、本記述は誤っている。

エ 正しい。「個人情報」の要件である「個人に関する情報」には、氏名、性別、生年月日等個人を識別する情報に限られず、個人の身体、財産、職種、肩書等の属性に関して、事実、判断、評価を表すすべての情報が含まれる。よって、「個人情報」には、防犯カメラに記録された情報等本人が判別できる映像情報も含まれ得る。従って、本記述は正しい。

解答 ▶▶ ウ

問題30 「個人情報データベース等」に関する以下のアからエまでの記述のうち、誤っているものを1つ選びなさい。

ア. 氏名、住所、企業別に分類整理されている市販の人名録は、「個人情報データベース等」に該当する。
イ. 従業者が、自己の名刺入れについて他人が自由に検索できる状況に置いており、他人には容易に検索できない独自の方法により名刺を分類した状態である場合、「個人情報データベース等」に該当する。
ウ. 電子メールソフトに保管されているメールアドレス帳(メールアドレスと氏名を組み合わせた情報を入力している場合)は、「個人情報データベース等」に該当する。
エ. ユーザIDとユーザが利用した取引についてのログ情報が保管されている電子ファイル(ユーザIDを個人情報と関連付けて管理している場合)は、「個人情報データベース等」に該当する。

解説 ▶▶ 個人情報データベース等(法2条2項、改正後2条4項)

個人情報保護法2条2項(改正後2条4項)は、「個人情報取扱事業者」(法2条3項、改正後2条5項)を判断する基準の1つとなる「個人情報データベース等」の定義を規定している。この「個人情報データベース等」とは、①特定の個人情報をコンピュータを用いて検索することができるように体系的に構成した、個人情報を含む情報の集合物、又は②コンピュータを用いていない場合であっても、カルテや指導要録等、紙面で処理した個人情報を一定の規則(例えば、五十音順等)に従って整理・分類し、特定の個人情報を容易に検索することができるよう、目次、索引、符号等を付し、他人によっても容易に検索可能な状態に置いているものをいう(法2条2項、改正後2条4項、個人情報の保護に関する法律施行令1条)。本問は、この「個人情報データベース等」についての理解を問うものである。

ア 正しい。 氏名、住所、企業別に分類整理されている市販の人名録は、「個人情報データベース等」に該当する。従って、本記述は正しい。
イ 誤 り。 従業者が、自己の名刺入れについて他人が自由に検索できる状況に置いていても、他人には容易に検索できない独自の分類方法により名刺を分類した状態である場合は、「個人情報データベース等」に該当しない。従って、本記述は誤っている。
ウ 正しい。 電子メールソフトに保管されているメールアドレス帳(メールアドレスと氏名を組み合わせた情報を入力している場合)は、「個人情報データベース等」に該当する。従って、本記述は正しい。
エ 正しい。 ユーザIDとユーザが利用した取引についてのログ情報が保管されている電子ファイル(ユーザIDを個人情報と関連付けて管理している場合)は、「個人情報データベース等」に該当する。従って、本記述は正しい。

解答 ▶▶ イ

問題31 個人情報の利用目的の特定に関する以下のアからエまでの記述のうち、誤っているものを1つ選びなさい。

ア．「マーケティング活動に用いるため」という利用目的は、できる限り具体的に特定したことにはならない。

イ．「○○事業における商品の発送、関連するアフターサービス、新商品・サービスに関する情報のお知らせのために利用いたします。」という利用目的は、できる限り具体的に特定しているといえる。

ウ． 利用目的は、社会通念上、本人が想定することが困難でないと認められる範囲内で変更することが可能であり、変更された利用目的は、本人に通知したり公表したりする必要もない。

エ． 雇用管理情報の利用目的の特定に当たって、単に抽象的、一般的に特定するのではなく、労働者等本人が、取得された当該本人の個人情報が利用された結果が合理的に想定できる程度に、具体的、個別的に特定しなければならない。

解説 ▶▶ 利用目的の特定（法15条）

個人情報保護法15条は、個人情報取扱事業者は、個人情報を取り扱うに当たっては、その利用目的をできる限り特定しなければならない旨を定めている。そして、利用目的の特定に当たっては、利用目的を単に抽象的、一般的に特定するのではなく、個人情報取扱事業者において最終的にどのような目的で個人情報を利用するかをできる限り具体的に特定する必要がある。本問は、この利用目的の特定についての理解を問うものである。

ア 正しい。 単に「マーケティング活動に用いるため」というように、抽象的、一般的な内容を利用目的とすることは、できる限り具体的に特定したことにはならない。従って、本記述は正しい。

イ 正しい。 「○○事業における商品の発送、関連するアフターサービス、新商品・サービスに関する情報のお知らせのために利用いたします。」という利用目的は、できる限り具体的に特定しているといえる。従って、本記述は正しい。

ウ 誤り。 個人情報取扱事業者は、利用目的を変更する場合には、変更前の利用目的と相当の関連性を有すると合理的に認められる範囲を超えて行ってはならない（法15条2項）。すなわち、利用目的は、社会通念上、本人が想定することが困難でないと認められる範囲内で変更することは可能であるとされている。ただし、変更された利用目的は、本人に通知するか、又は公表しなければならない（法18条3項）。従って、本記述は誤っている。

エ 正しい。 雇用管理情報の利用目的の特定に当たっても、単に抽象的、一般的に特定するのではなく、労働者等（個人情報取扱事業者に使用されている労働者、個人情報取扱事業者に使用される労働者になろうとする者及びなろうとした者並びに過去において個人情報取扱事業者に使用されていた者）本人が、取得された当該本人の個人情報が利用された結果が合理的に想定できる程度に、具体的、個別的に特定しなければならない。従って、本記述は正しい。

解答 ▶▶ ウ

問題32 個人情報の利用目的による制限に関する以下のアからエまでの記述のうち、誤っているものを1つ選びなさい。

ア. 個人情報取扱事業者は、原則として、あらかじめ本人の同意を得ないで、利用目的の達成に必要な範囲を超えて、個人情報を取り扱ってはならない。

イ. 個人情報取扱事業者が、合併、分社化、営業譲渡等により他の個人情報取扱事業者から事業の承継をすることに伴って個人情報を取得した場合は、承継前におけるその個人情報の利用目的の達成に必要な範囲内であれば、あらかじめ本人の同意を得ないで、その個人情報を取り扱うことが許される。

ウ. 個人情報取扱事業者が、児童虐待の防止等に関する法律に基づき児童虐待に係る通告を行う場合は、あらかじめ本人の同意を得る必要がある。

エ. 不登校や不良行為等児童生徒の問題行動について、児童相談所、学校、医療行為等の関係機関が連携して対応するために、関係機関等の間でその児童生徒の情報を交換する場合は、あらかじめ本人の同意を得る必要はない。

解説 ▶▶ 利用目的による制限（法16条）

個人情報保護法16条１項は、個人情報取扱事業者は、原則として、あらかじめ本人の同意を得ないで、利用目的の達成に必要な範囲を超えて、個人情報を取り扱ってはならないと定めている。また、法16条２項は、事業承継の場合における利用目的による制限を、法16条３項は、利用目的による制限についての適用除外について規定している。本問は、この利用目的による制限についての理解を問うものである。

ア 正しい。 個人情報取扱事業者は、原則として、あらかじめ本人の同意を得ないで、法15条の規定により特定された利用目的の達成に必要な範囲を超えて、個人情報を取り扱ってはならない（法16条１項）。従って、本記述は正しい。

イ 正しい。 個人情報取扱事業者が、合併、分社化、営業譲渡等により他の個人情報取扱事業者から事業の承継をすることに伴って個人情報を取得した場合は、承継前におけるその個人情報の利用目的の達成に必要な範囲内で取り扱う場合は目的外利用にはならず、あらかじめ本人の同意を得ないで、その個人情報を取り扱うことができる（法16条２項）。従って、本記述は正しい。

ウ 誤り。 法令に基づく場合は、当初の利用目的に含まれていない場合でも、目的外利用を認める例外事由に当たる（法16条３項１号）。児童虐待の防止等に関する法律に基づき児童虐待に係る通告を行う場合は、これに当たるため、あらかじめ本人の同意を得る必要はない。従って、本記述は誤っている。

エ 正しい。 公衆衛生の向上又は児童の健全な育成の推進のために特に必要がある場合であって、本人の同意を得ることが困難であるときは、当初の利用目的に含まれていない場合でも、目的外利用を認める例外事由に当たる（法16条３項３号）。不登校や不良行為等児童生徒の問題行動について、児童相談所、学校、医療行為等の関係機関が連携して対応するために、関係機関等の間でその児童生徒の情報を交換する場合は、これに当たるため、あらかじめ本人の同意を得る必要はない。従って、本記述は正しい。

解答 ▶▶ **ウ**

問題 個人情報の利用目的による制限に関する以下のアからエまでの記述のうち、誤っているものを1つ選びなさい。

ア. 個人情報取扱事業者は、あらかじめ本人の同意を得ないで、特定された利用目的の達成に必要な範囲を超えて、個人情報を取り扱ってはならないが、特定された利用目的の達成に必要な範囲を超えて個人情報を取り扱うに当たり、その同意を得るために個人情報を利用してメールを送付する場合には、あらかじめ本人の同意を得る必要はない。

イ. 個人情報取扱事業者が、自社の求人への応募者の履歴書情報をもとに、自社の商品の販売促進のために自社取扱商品のカタログと商品購入申込書を送る場合には、あらかじめ本人の同意を得る必要はない。

ウ. 個人情報取扱事業者が、急病その他の事態時に、本人について、その血液型や家族の連絡先等を医師や看護師に提供する場合には、あらかじめ本人の同意を得る必要はない。

エ. 個人情報取扱事業者が、税務署の職員等の任意調査に対し、個人情報を提出する場合には、あらかじめ本人の同意を得る必要はない。

解説 ▶▶ 利用目的による制限（法16条）

個人情報保護法16条１項は、個人情報取扱事業者は、原則として、あらかじめ本人の同意を得ないで利用目的の達成に必要な範囲を超えて個人情報を取り扱ってはならないと規定している。また、法16条２項は、事業承継の場合における利用目的による制限を、法16条３項は、利用目的による制限についての適用除外について規定している。本問は、この利用目的による制限とその適用除外についての理解を問うものである。

ア 正しい。 個人情報取扱事業者は、あらかじめ本人の同意を得ないで、特定された利用目的の達成に必要な範囲を超えて、個人情報を取り扱ってはならない（法16条１項）。もっとも、特定された利用目的の達成に必要な範囲を超えて個人情報を取り扱うに当たり、その同意を得るために個人情報を利用してメールを送付することは、当初の利用目的として記載されていない場合でも、目的外利用には当たらず、あらかじめ本人の同意を得る必要はない。従って、本記述は正しい。

イ 誤り。 個人情報取扱事業者が、自社の求人への応募者の履歴書情報をもとに、自社の商品の販売促進のために自社取扱商品のカタログと商品購入申込書を送る場合、利用目的の達成に必要な範囲を超えていることから、あらかじめ本人の同意を得る必要がある。従って、本記述は誤っている。

ウ 正しい。 法16条３項各号は、個人情報取扱事業者が、利用目的の達成に必要な範囲を超えて個人情報を取り扱う場合に、例外的にあらかじめ本人の同意を得なくてもよい場合を定めている。このうち、２号は、「人の生命、身体又は財産の保護のために必要がある場合であって、本人の同意を得ることが困難であるとき」を挙げている。このため、急病その他の事態時に、本人について、その血液型や家族の連絡先等を医師や看護師に提供する場合には、あらかじめ本人の同意を得る必要はない。従って、本記述は正しい。

エ 正しい。 法16条３項各号は、個人情報取扱事業者が、利用目的の達成に必要な範囲を超えて個人情報を取り扱う場合に、例外的にあらかじめ本人の同意を得なくてもよい場合を定めている。このうち、４号は「国の機関若しくは地方公共団体又はその委託を受けた者が法令の定める事務を遂行することに対して協力する必要がある場合であって、本人の同意を得ることにより当該事務の遂行に支障を及ぼすおそれがあるとき」を挙げている。このため、個人情報取扱事業者が、税務署の職員等の任意調査（国税通則法34条の６第３項）に対し、個人情報を提出する場合には、あらかじめ本人の同意を得る必要はない。従って、本記述は正しい。

解答 ▶▶ イ

問題34 個人情報の利用目的の制限に関する以下のアからエまでの記述のうち、誤っているものを1つ選びなさい。

ア. 就職のための履歴書情報をもとに、自社の商品の販売促進のために自社取扱商品のカタログと商品購入申込書を送ることは、当初の利用目的に含まれていない場合には、あらかじめ本人の同意を得なければならない。

イ. 個人情報取扱事業者が、利用目的の達成に必要な範囲を超えて個人情報を取り扱うにあたり、同意を得るために個人情報を利用すること（メールの送付や電話をかけること等）は、当初の利用目的に含まれていない場合には、あらかじめ本人の同意を得なければならない。

ウ. 急病その他の事態時に、本人について、その血液型や家族の連絡先等を医師や看護師に提供することは、当初の利用目的に含まれていない場合でも、あらかじめ本人の同意を得なくてもよい。

エ. 個人情報取扱事業者が、税務署の職員等の任意調査に対し個人情報を提出することは、当初の利用目的に含まれていない場合でも、あらかじめ本人の同意を得なくてもよい。

解説 ▶▶ 利用目的による制限（法16条）

個人情報保護法16条1項は、個人情報取扱事業者は、原則として、あらかじめ本人の同意を得ないで利用目的の達成に必要な範囲を超えて個人情報を取り扱ってはならないと規定している。また、法16条3項は、利用目的による制限についての適用除外について規定している。本問は、この利用目的による制限についての理解を問うものである。

- **ア 正しい。** 就職のための履歴書情報をもとに、自社の商品の販売促進のために自社取扱商品のカタログと商品購入申込書を送ることは、当初の利用目的に含まれていない場合には、あらかじめ本人の同意を得なければならない。従って、本記述は正しい。
- **イ 誤り。** 個人情報取扱事業者が、利用目的の達成に必要な範囲を超えて個人情報を取り扱うにあたり、同意を得るために個人情報を利用すること（メールの送付や電話をかけること等）は、当初の利用目的として記載されていない場合でも、目的外利用には該当しないとされている。よって、あらかじめ本人の同意を得なくてもよい。従って、本記述は誤っている。
- **ウ 正しい。** 人の生命、身体又は財産の保護のために必要がある場合であって、本人の同意を得ることが困難であるときは、当初の利用目的に含まれていない場合でも、目的外利用には該当しない（法16条3項2号）。急病その他の事態時に、本人について、その血液型や家族の連絡先等を医師や看護師に提供することは、これに当たるため、目的外利用には該当しない。よって、あらかじめ本人の同意を得なくてもよい。従って、本記述は正しい。
- **エ 正しい。** 国の機関若しくは地方公共団体又はその委託を受けた者が法令の定める事務を遂行することに対して協力する必要がある場合であって、本人の同意を得ることにより当該事務の遂行に支障を及ぼすおそれがあるときは、当初の利用目的に含まれていない場合でも、目的外利用には該当しない（法16条3項4号）。税務署の職員等の任意調査に対し個人情報を提出すること（国税通則法74条の2等）は、これに当たるため、目的外利用には該当しない。よって、あらかじめ本人の同意を得なくてもよい。従って、本記述は正しい。

解答 ▶▶ イ

問題35 以下のアからエまでの記述のうち、個人情報の適正な取得に関する【問題文A】から【問題文C】の内容として正しいものを1つ選びなさい。

【問題文A】個人情報取扱事業者が、親の同意なく、十分な判断能力を有していない子どもから、取得状況から考えて関係のない親の収入事情などの家族の個人情報を取得した場合、不正の手段により個人情報を取得したといえる。

【問題文B】個人情報取扱事業者が、不正の手段で個人情報が取得されたことを知り、又は容易に知ることができたにもかかわらず、当該個人情報を取得した場合、不正の手段により個人情報を取得したといえる。

【問題文C】個人情報取扱事業者は、第三者からの提供により、個人情報を取得する場合には、原則として、提供元の法の遵守状況を確認し、個人情報を適切に管理している者を提供元として選定するとともに、実際に個人情報を取得する際には、当該個人情報の取得方法等を確認した上で、それが適法に取得されたことが確認できない場合は、その取得を自粛することを含め、慎重に対応することが望ましい。

ア．Aのみ誤っている。
イ．Bのみ誤っている。
ウ．Cのみ誤っている。
エ．すべて正しい。

解説 ▶▶ 適正な取得（法17条）

個人情報保護法は、法17条で、個人情報取扱事業者は、偽りその他不正の手段により個人情報を取得してはならないと定めている。本問は、この適正な取得についての理解を問うものである。

A 正しい。　個人情報取扱事業者が、親の同意がなく、十分な判断能力を有していない子どもから、取得状況から考えて関係のない親の収入事情などの家族の個人情報を取得した場合、不正の手段により個人情報を取得したといえる。従って、本記述は正しい。

B 正しい。　個人情報取扱事業者が、不正の手段で個人情報が取得されたことを知り、又は容易に知ることができたにもかかわらず、当該個人情報を取得した場合、不正の手段により個人情報を取得したといえる。従って、本記述は正しい。

C 正しい。　個人情報取扱事業者は、第三者からの提供により、個人情報を取得する場合には、原則として、提供元の法の遵守状況（例えば、オプトアウト、利用目的、開示手続、問合わせ・苦情の受付窓口を公表していることなど）を確認し、個人情報を適切に管理している者を提供元として選定する必要がある。そして、実際に個人情報を取得する際には、例えば、取得の経緯を示す契約書等の書面を点検する等により、当該個人情報の取得方法等を確認した上で、当該個人情報が適法に取得されたことが確認できない場合は、偽りその他不正の手段により取得されたものである可能性もあることから、その取得を自粛することを含め、慎重に対応することが望ましい。従って、本記述は正しい。

以上により、問題文ＡＢＣはすべて正しい。従って、正解は肢エとなる。

解答 ▶▶ エ

問題36 個人情報の利用目的の通知・公表等に関する以下のアからエまでの記述のうち、誤っているものを1つ選びなさい。

ア．個人情報取扱事業者は、インターネット、官報、職員録等から個人情報を取得する場合、あらかじめその利用目的を公表している場合を除き、速やかに、その利用目的を、本人に通知し、又は公表しなければならない。

イ．個人情報取扱事業者は、個人情報の第三者提供を受ける場合、あらかじめその利用目的を公表していなくても、その利用目的を、本人に通知し、又は公表する必要はない。

ウ．個人情報取扱事業者は、懸賞の応募はがきに記載された個人情報を直接本人から取得する場合、あらかじめ、本人に対し、その利用目的を明示しなければならない。

エ．個人情報取扱事業者は、商品・サービス等を販売・提供する場合、住所・電話番号等の個人情報を取得する場合があるが、その利用目的が当該商品・サービス等の販売・提供のみを確実に行うためという利用目的であるような場合、その利用目的を、本人に通知し、又は公表しなくてもよい。

解説 ▶▶ 取得に際しての利用目的の通知・公表等（法18条）

個人情報保護法18条は、個人情報取扱事業者が個人情報を取得した場合の利用目的の通知・公表等について定めている。本問は、この取得に際しての利用目的の通知・公表等についての理解を問うものである。

ア 正しい。　個人情報取扱事業者は、個人情報を取得した場合、あらかじめその利用目的を公表している場合を除き、速やかに、その利用目的を、本人に通知し、又は公表しなければならない（法18条1項）。インターネット、官報、職員録等から個人情報を取得する場合も本人への通知・公表が必要である。従って、本記述は正しい。

イ 誤り。　個人情報取扱事業者は、個人情報を取得した場合、あらかじめその利用目的を公表している場合を除き、速やかに、その利用目的を、本人に通知し、又は公表しなければならない（法18条1項）。個人情報の第三者提供を受ける場合も、本人への通知・公表が必要である。従って、本記述は誤っている。

ウ 正しい。　個人情報取扱事業者は、本人との間で契約を締結することに伴って契約書その他の書面（電子的方式、磁気的方式その他人の知覚によっては認識することができない方式で作られる記録を含む。）に記載された当該本人の個人情報を取得する場合その他本人から直接書面に記載された当該本人の個人情報を取得する場合は、あらかじめ、本人に対し、その利用目的を明示しなければならない（法18条2項本文）。懸賞の応募はがきに記載された個人情報を直接本人から取得する場合もこれに当たる。従って、本記述は正しい。

エ 正しい。　法18条4項各号は、個人情報取扱事業者が個人情報の取得に際して、例外的に、利用目的を本人に通知し、又は公表しなくてもよい場合を定めている。このうち4号は、「取得の状況からみて利用目的が明らかであると認められる場合」を挙げている。商品・サービス等を販売・提供する場合、住所・電話番号等の個人情報を取得する場合があるが、その利用目的が当該商品・サービス等の販売・提供のみを確実に行うためという利用目的であるような場合はこれに当たる。従って、本記述は正しい。

解答 ▶▶ **イ**

問題37 個人情報の取得に際しての利用目的の通知・公表等に関する以下のアからエまでの記述のうち、誤っているものを1つ選びなさい。

ア．個人情報取扱事業者は、個人情報の第三者提供を受けた場合、あらかじめその利用目的を公表している場合を除き、原則として、速やかに、その利用目的を、本人に通知し、又は公表しなければならない。

イ．個人情報取扱事業者は、懸賞の応募はがきに記載された個人情報を直接本人から取得する場合、原則として、あらかじめ、本人に対し、その利用目的を明示しなければならない。

ウ．個人情報取扱事業者は、インターネット、官報、職員録等から個人情報を取得する場合、あらかじめその利用目的を公表していない場合でも、速やかに本人にその利用目的を通知・公表する必要はない。

エ．個人情報取扱事業者は、商品・サービス等を販売・提供する場合、住所・電話番号等の個人情報を取得する場合があるが、その利用目的が当該商品・サービス等の販売・提供のみを確実に行うためという利用目的であるような場合は、あらかじめその利用目的を公表していない場合でも、速やかに本人にその利用目的を通知・公表する必要はない。

解説▶▶ 取得に際しての利用目的の通知・公表等（法18条）

個人情報保護法18条1項は、個人情報取扱事業者は、個人情報を取得した場合は、あらかじめその利用目的を公表している場合を除き、速やかに、その利用目的を、本人に通知し、又は公表しなければならないと定めている。また、法18条2項は、本人から直接書面に記載された当該本人の個人情報を取得する場合は、あらかじめ、本人に対し、その利用目的を明示しなければならないと定めている。そして、法18条4項は、これらの規定の適用が除外される場合を定めている。本問は、この個人情報の取得に際しての利用目的の通知・公表等についての理解を問うものである。

ア 正しい。　個人情報取扱事業者は、個人情報の第三者提供を受けた場合も、あらかじめその利用目的を公表している場合を除き、原則として、速やかに、その利用目的を、本人に通知し、又は公表しなければならない（法18条1項）。従って、本記述は正しい。

イ 正しい。　個人情報取扱事業者は、懸賞の応募はがきに記載された個人情報を直接本人から取得する場合のように、直接書面等により個人情報を取得する場合は、原則として、あらかじめ、本人に対し、その利用目的を明示しなければならない（法18条2項）。従って、本記述は正しい。

ウ 誤り。　個人情報取扱事業者は、インターネット、官報、職員録等から個人情報を取得する場合も、あらかじめその利用目的を公表している場合を除き、原則として、速やかに、その利用目的を、本人に通知し、又は公表しなければならない（法18条1項）。従って、本記述は誤っている。

エ 正しい。　個人情報取扱事業者は、商品・サービス等を販売・提供する場合、住所・電話番号等の個人情報を取得する場合があるが、その利用目的が当該商品・サービス等の販売・提供のみを確実に行うためという利用目的であるような場合は、取得の状況からみて利用目的が明らかであると認められるので、あらかじめその利用目的を公表していない場合でも、速やかに本人にその利用目的を通知・公表する必要はない（法18条4項4号）。従って、本記述は正しい。

解答▶▶ウ

問題38

以下のアからエまでの記述のうち、個人情報を本人から直接書面により取得する場合に関する【問題文A】から【問題文C】の内容として正しいものを1つ選びなさい。

【問題文A】個人情報取扱事業者が、申込書・契約書に記載された個人情報を本人から直接取得する場合には、原則として、あらかじめ、本人に対し、その個人情報の利用目的を明示しなければならない。

【問題文B】個人情報取扱事業者は、人の生命、身体又は財産の保護のために緊急に必要がある場合、あらかじめ、本人に対し、その個人情報の利用目的を明示する必要はなく、取得後速やかにその利用目的を、本人に対して通知や公表もしなくてもよい。

【問題文C】個人情報取扱事業者は、一般の慣行として名刺を交換し、名刺に記載された個人情報の利用目的が今後の連絡のためという場合には、取得の状況からみて利用目的が明らかであると認められることから、あらかじめ、本人に対し、その個人情報の利用目的を明示しなくてもよい。

ア．Aのみ誤っている。
イ．Bのみ誤っている。
ウ．Cのみ誤っている。
エ．すべて正しい。

解説 ▶▶ 取得に際しての利用目的の明示（法18条2項）

個人情報保護法18条2項は、個人情報取扱事業者は、1項の規定にかかわらず、本人との間で契約を締結することに伴って契約書その他の書面（電子的方式、磁気的方式その他人の知覚によっては認識することができない方式で作られる記録を含む。）に記載された当該本人の個人情報を取得する場合その他本人から直接書面に記載された当該本人の個人情報を取得する場合は、原則として、あらかじめ、本人に対し、その利用目的を明示しなければならない旨を定めている。本問は、この取得に際しての利用目的の明示についての理解を問うものである。

A 正しい。 個人情報取扱事業者が、本人から直接書面に記載された当該本人の個人情報を取得する場合は、原則として、あらかじめ、本人に対し、その利用目的を明示しなければならない（法18条2項）。申込書・契約書に記載された個人情報を本人から直接取得する場合は、これに当たる。従って、本記述は正しい。

B 誤 り。 人の生命、身体又は財産の保護のために緊急に必要がある場合には、あらかじめ、本人に対し、その個人情報の利用目的を明示する必要はないとされている（法18条2項ただし書）。もっとも、この場合であっても、法18条1項に基づいて、取得後速やかにその利用目的を、本人に通知し、又は公表しなければならないとされている。従って、本記述は誤っている。

C 正しい。 一般の慣行として名刺を交換し、名刺に記載された個人情報（氏名・所属・肩書・連絡先等）の利用目的が今後の連絡のためという場合には、取得の状況からみて利用目的が明らかであると認められることから、あらかじめ、本人に対し、その個人情報の利用目的を明示しなくてもよい（法18条4項4号）。従って、本記述は正しい。

以上により、問題文ACは正しいが、Bは誤っている。従って、正解は肢イとなる。

解答 ▶▶ イ

次の文章は、個人情報保護法違反の有無が問題となる事例である。次のアからエまでの記述のうち、【事例A】から【事例C】の内容として正しいものを1つ選びなさい。

【事例A】 スポーツシューズを購入しようと思い、あるスポーツ用品販売店に行ったところ、「今、メール会員登録をすると、新商品・サービスに関する情報をメールでお知らせします」と言われたので、登録票にメールアドレスの他、氏名、性別、生年月日、好きなスポーツを記入して手渡した。後日、そのスポーツ用品販売店は、「新商品・サービスに関する情報のお知らせ」という利用目的に「既存の商品・サービスに関する情報のお知らせ」を追加し、本人（メール会員登録者）に対して、利用目的を追加する旨の通知をした。

【事例B】 ある本を取り寄せて購入しようと思い、書店に行って取り寄せを依頼したところ、書店の店員に「入荷次第ご連絡いたします」と言われたので、取り寄せ伝票に氏名と電話番号を記入して手渡した。

【事例C】 あるメーカーの新シーズンのカタログを入手しようと思い、そのメーカーのインターネットサイトに接続し、サイト内のトップページに明記されたプライバシーポリシーに目を通した上で、サイト内の請求用ページにある入力フォームに郵送先の住所と氏名を記入し、送信するボタンを押した。

ア．事例Aのみ、個人情報保護法に違反する内容を含む。
イ．事例Bのみ、個人情報保護法に違反する内容を含む。
ウ．事例Cのみ、個人情報保護法に違反する内容を含む。
エ．事例ABCはすべて、個人情報保護法に違反する内容を含まない。

解説 ▶▶ 利用目的の変更・直接書面等による取得

個人情報保護法は、法15条2項において利用目的の変更を、法18条3項において利用目的の変更の際の通知・公表を、法18条2項において直接書面等による取得を定めている。本問は、これらの規定についての理解を問うものである。

A 違反しない。　個人情報取扱事業者は、利用目的を変更する場合には、変更前の利用目的と相当の関連性を有すると合理的に認められる範囲を超えて行ってはならない（法15条2項）。そして、社会通念上、本人が想定することが困難でないと認められる範囲内で変更することは可能であると解される。本事例のような場合、「新商品・サービスに関する情報のお知らせ」という利用目的に「既存の商品・サービスに関する情報のお知らせ」を追加することは、変更前の利用目的と相当の関連性を有すると合理的に認められる範囲内での変更であるといえる。

次に、個人情報取扱事業者は、利用目的を変更した場合は、変更された利用目的について、本人に通知し、又は公表しなければならない（法18条3項）。本事例においては、利用目的を追加する旨の通知をしている。

従って、本事例は、個人情報保護法に違反する内容を含まない。

B 違反しない。　法18条2項は、個人情報取扱事業者は、本人との間で契約を締結することに伴って、書面等により直接本人から個人情報を取得する場合には、あらかじめ本人に対し、その利用目的を明示しなければならないと定めている。本事例においては、店員により、入荷連絡のためという利用目的が明示されている。従って、本事例は、個人情報保護法に違反する内容を含まない。

C 違反しない。　法18条2項は、個人情報取扱事業者は、本人との間で契約を締結することに伴って、書面等により直接本人から個人情報を取得する場合には、あらかじめ本人に対し、その利用目的を明示しなければならないと定めている。本事例においては、サイト内のトップページにプライバシーポリシーが明記されており、個人情報の利用目的が明示されているといえる。従って、本事例は、個人情報保護法に違反する内容を含まない。

以上により、事例ABCはすべて、個人情報保護法に違反する内容を含まない。従って、正解は肢エとなる。

解答 ▶▶ エ

問題40

以下のアからエまでの記述のうち、正確性の確保に関する【問題文A】から【問題文C】の内容として正しいものを1つ選びなさい。

【問題文A】個人情報取扱事業者は、「個人データ」のみならず、広く「個人情報」すべてについて、正確性の確保に努めなければならないとされている。

【問題文B】個人情報取扱事業者が、データ内容の正確性の確保に努めなければならないものは、「事実」に限られ、例えば、企業における人事評定における「評価」は含まれない。

【問題文C】個人情報取扱事業者が、個人データの内容の正確性を確保するための手段として、個人情報データベース等への個人情報の入力時の照合・確認の手続の整備、誤り等を発見した場合の訂正等の手続の整備、記録事項の更新、保存期間の設定等が挙げられる。

ア．Aのみ誤っている。
イ．Bのみ誤っている。
ウ．Cのみ誤っている。
エ．すべて正しい。

解説 ▶▶ 正確性の確保（法19条）

個人情報保護法19条は、個人情報取扱事業者は、利用目的の達成に必要な範囲内において、個人データを正確かつ最新の内容に保つよう努めなければならないと定めている。本問は、この正確性の確保についての理解を問うものである。

A 誤 り。 法19条は、個人情報取扱事業者は、利用目的の達成に必要な範囲内において、「個人データ」を正確かつ最新の内容に保つよう努めなければならないとしている。すなわち、個人情報保護法が、正確かつ最新の内容に保つよう努めなければならないと規定しているものは、「個人情報」ではなく、「個人データ」に限定されている。従って、本記述は誤っている。

B 正しい。 個人情報取扱事業者が、個人データの内容の正確性の確保に努めなければならないものは「事実」に限られると解されており、例えば、企業における人事評定における「評価」は含まれない。従って、本記述は正しい。

C 正しい。 個人情報取扱事業者が、個人データの内容の正確性を確保するための手段として、個人情報データベース等への個人情報の入力時の照合・確認の手続の整備、誤り等を発見した場合の訂正等の手続の整備、記録事項の更新、保存期間の設定等が挙げられる。従って、本記述は正しい。

以上により、問題文Aは誤っているが、BCは正しい。従って、正解は肢アとなる。

解答 ▶▶ ア

3級

問題41 安全管理措置に関する【問題文A】から【問題文C】までの内容についての以下のアからエまでの記述のうち、正しいものを1つ選びなさい。

【問題文A】人的安全管理措置とは、安全管理について従業者の責任と権限を明確に定め、安全管理に対する規程や手順書を整備運用し、その実施状況を確認することをいう。

【問題文B】物理的安全管理措置とは、入退館（室）の管理、個人データの盗難の防止等の措置をいう。

【問題文C】技術的安全管理措置とは、個人データ及びそれを取り扱う情報システムへのアクセス制御、不正ソフトウェア対策、情報システムの監視等、個人データに対する技術的な安全管理措置をいう。

ア．Aのみ誤っている。
イ．Bのみ誤っている。
ウ．Cのみ誤っている。
エ．すべて正しい。

解説 ▶▶ 安全管理措置（法20条）

個人情報取扱事業者が講じるべき安全管理措置の種類は、組織的、人的、物理的、及び技術的安全管理措置の4つに分類される。本問は、この安全管理措置の分類についての理解を問うものである。

A 誤り。 人的安全管理措置とは、従業者に対する、業務上秘密と指定された個人データの非開示契約の締結や教育・訓練等を行うことをいう。安全管理について従業者の責任と権限を明確に定め、安全管理に対する規程や手順書を整備運用し、その実施状況を確認することは、組織的安全管理措置の内容である。従って、本記述は誤っている。

B 正しい。 物理的安全管理措置とは、入退館（室）の管理、個人データの盗難の防止等の措置をいう。従って、本記述は正しい。

C 正しい。 技術的安全管理措置とは、個人データ及びそれを取り扱う情報システムへのアクセス制御、不正ソフトウェア対策、情報システムの監視等、個人データに対する技術的な安全管理措置をいう。従って、本記述は正しい。

以上により、問題文Aのみが誤っている。従って、正解は肢アとなる。

解答 ▶▶ ア

問題42

安全管理措置に関する以下のアからエまでの記述のうち、組織的安全管理措置として講じなければならない事項に含まれないものを1つ選びなさい。

ア．盗難等の防止
イ．事故又は違反への対処
ウ．個人データの安全管理措置の評価、見直し及び改善
エ．個人データの安全管理措置を定める規程等の整備と規程等に従った運用

解説 ▶▶ 安全管理措置（法20条）

個人情報保護法20条は、個人情報取扱事業者は、その取り扱う個人データの漏えい、滅失又はき損の防止その他の個人データの安全管理のために必要かつ適切な措置を講じなければならないと定めている。安全管理措置の種類は、組織的、人的、物理的及び技術的安全管理措置の4つに分類される。本問は、このうち、組織的安全管理措置についての理解を問うものである。なお、組織的安全管理措置とは、安全管理について従業者（法21条参照）の責任と権限を明確に定め、安全管理に対する規程や手順書を整備運用し、その実施状況を確認することをいう。

ア	含まれない。	個人情報取扱事業者が組織的安全管理措置として講じなければならない事項として、「盗難等の防止」は挙げられていない。これは、物理的安全管理措置として講じなければならない事項に含まれる。
イ	含まれる。	個人情報取扱事業者が組織的安全管理措置として講じなければならない事項として、「事故又は違反への対処」が挙げられる。
ウ	含まれる。	個人情報取扱事業者が組織的安全管理措置として講じなければならない事項として、「個人データの安全管理措置の評価、見直し及び改善」が挙げられる。
エ	含まれる。	個人情報取扱事業者が組織的安全管理措置として講じなければならない事項として、「個人データの安全管理措置を定める規程等の整備と規程等に従った運用」が挙げられる。

解答 ▶▶ ア

問題43 安全管理措置に関する以下のアからエまでの記述のうち、誤っているものを1つ選びなさい。

ア． 個人情報取扱事業者は、その取り扱う個人データをバックアップした媒体が、持ち出しを許可されていない者により持ち出し可能な状態になっており、その媒体が持ち出されてしまった場合、必要かつ適切な安全管理措置を講じているとはいえない。

イ． クレジットカード情報が漏えいした場合、クレジットカード情報等の不正使用によるなりすまし購入などの二次被害が発生する可能性が高いため、クレジット販売関係事業者等は、クレジットカード情報等の安全管理措置を特に講じることが望ましい。

ウ． 本人が継続的にサービスを受けるために登録していた個人データが、システム障害により破損したが、採取したつもりのバックアップも破損しており、個人データを復旧できずに滅失又はき損し、本人がサービスの提供を受けられなくなった場合、必要かつ適切な安全管理措置を講じているとはいえない。

エ． 個人情報取扱事業者が、事業者において全く加工をしておらず、書店で誰もが容易に入手できる市販名簿を、シュレッダー等による処理を行わずに廃棄し、又は、廃品回収に出した場合は、必要かつ適切な安全管理措置を講じているとはいえない。

解説 ▶▶ 安全管理措置（法20条）

個人情報保護法20条は、個人情報取扱事業者は、その取り扱う個人データの漏えい、滅失又はき損の防止その他の個人データの安全管理のために必要かつ適切な措置を講じなければならないと定めている。本問は、この安全管理措置についての理解を問うものである。

ア 正しい。 個人情報取扱事業者は、その取り扱う個人データをバックアップした媒体が、持ち出しを許可されていない者により持ち出し可能な状態になっており、その媒体が持ち出されてしまった場合、必要かつ適切な安全管理措置を講じているとはいえない。従って、本記述は正しい。

イ 正しい。 クレジットカード情報が漏えいした場合、クレジットカード情報等の不正使用によるなりすまし購入などの二次被害が発生する可能性が高いため、クレジット販売関係事業者等（クレジットカード会社のほか、クレジットカード決済を利用した販売等を行う事業者及びクレジットカード決済を利用した販売等に係る業務を行う事業者並びにこれら事業者からクレジットカード情報等の取扱いを伴う業務の委託を受けている事業者）は、クレジットカード情報等の安全管理措置を特に講じることが望ましいとされている。例えば、クレジットカード読取端末からのクレジットカード情報等の漏えい防止措置を実施（クレジットカード読取端末にはスキミング防止のためのセキュリティ機能（漏えい防止措置等）を搭載する等）することが望ましいとされる。従って、本記述は正しい。

ウ 正しい。 本人が継続的にサービスを受けるために登録していた個人データが、システム障害により破損したが、採取したつもりのバックアップも破損しており、個人データを復旧できずに滅失又はき損し、本人がサービスの提供を受けられなくなった場合、必要かつ適切な安全管理措置を講じているとはいえない。従って、本記述は正しい。

エ 誤り。 個人情報取扱事業者が、書店で誰もが容易に入手できる市販名簿（事業者において全く加工をしていないもの）を処分するため、シュレッダー等による処理を行わずに廃棄し、又は、廃品回収に出した場合、必要かつ適切な安全管理措置を講じているといえる。従って、本記述は誤っている。

解答 ▶▶ エ

問題44 個人情報取扱事業者の従業者の監督に関する以下のアからエまでの記述のうち、誤っているものを1つ選びなさい。

ア．個人情報取扱事業者は、その従業者に個人データを取り扱わせるに当たっては、当該個人データの安全管理が図られるよう、当該従業者に対する必要かつ適切な監督を行わなければならない。

イ．個人情報取扱事業者が、その従業員に対する監督を行うに当たっては、本人の個人データが漏えい、滅失又はき損等をした場合に本人が被る権利利益の侵害の大きさを考慮し、事業の性質及び個人データの取扱状況等に起因するリスクに応じ、必要かつ適切な措置を講じるものとされている。

ウ．法人の監査役は、個人情報取扱事業者が監督義務を負う「従業者」に当たらない。

エ．短期アルバイト社員は、個人情報取扱事業者が監督義務を負う「従業者」に当たる。

解説 ▶▶ 従業者の監督（法21条）

個人情報保護法21条は、個人情報取扱事業者は、その従業者に個人データを取り扱わせるに当たっては、当該個人データの安全管理が図られるよう、当該従業者に対する必要かつ適切な監督を行わなければならないと定めている。本問は、この従業者の監督についての理解を問うものである。

ア 正しい。 個人情報取扱事業者は、その従業者に個人データを取り扱わせるに当たっては、当該個人データの安全管理が図られるよう、当該従業者に対する必要かつ適切な監督を行わなければならない。従って、本記述は正しい。

イ 正しい。 個人情報取扱事業者が、その従業員に対する監督を行うに当たっては、本人の個人データが漏えい、滅失又はき損等をした場合に本人が被る権利利益の侵害の大きさを考慮し、事業の性質及び個人データの取扱状況等に起因するリスクに応じ、必要かつ適切な措置を講じるものとされている。従って、本記述は正しい。

ウ 誤り。 「従業者」とは、個人情報取扱事業者の組織内にあって直接間接に事業者の指揮監督を受けて事業者の業務に従事している者をいい、雇用関係にある従業員（正社員、契約社員、嘱託社員、パート社員、アルバイト社員等）のみならず、取締役、執行役、理事、監査役、監事、派遣社員等も含まれる。よって、法人の監査役は「従業者」に当たる。従って、本記述は誤っている。

エ 正しい。 「従業者」とは、個人情報取扱事業者の組織内にあって直接間接に事業者の指揮監督を受けて事業者の業務に従事している者をいい、雇用関係にある従業員（正社員、契約社員、嘱託社員、パート社員、アルバイト社員等）のみならず、取締役、執行役、理事、監査役、監事、派遣社員等も含まれる。よって、短期アルバイト社員は「従業者」に当たる。従って、本記述は正しい。

解答 ▶▶ ウ

問題 45

個人情報取扱事業者の委託先の監督に関する以下のアからエまでの記述のうち、誤っているものを1つ選びなさい。

ア．個人情報取扱事業者は、個人データの取扱いの全部又は一部を委託する場合は、その個人データの安全管理が図られるよう、委託先に対する必要かつ適切な監督を行わなければならない。

イ．個人情報取扱事業者は、個人データの安全管理措置の状況を契約締結時及びそれ以後も適宜把握せず外部の事業者に委託した場合で、委託先が個人データを漏えいした場合、委託を受けた者に対して必要かつ適切な監督を行っていたとはいえない。

ウ．優越的地位にある個人情報取扱事業者が委託元の場合、委託元は、委託先との責任分担を無視して、本人からの損害賠償請求に係る責務を一方的に委託先に課す、委託先からの報告や監査において過度な負担を強いるなど、委託先に不当な負担を課すことがあってはならない。

エ．個人情報取扱事業者が個人データの取扱いを委託する場合に契約に盛り込むことが望まれる事項として、再委託に関する事項は挙げられていない。

解説 ▶▶ 委託先の監督（法22条）

個人情報保護法22条は、個人情報取扱事業者は、個人データの取扱いの全部又は一部を委託する場合は、その取扱いを委託された個人データの安全管理が図られるよう、委託を受けた者に対する必要かつ適切な監督を行わなければならないと定めている。本問は、この委託先の監督についての理解を問うものである。

ア 正しい。　個人情報取扱事業者は、個人データの取扱いの全部又は一部を委託する場合は、その個人データの安全管理が図られるよう、委託先に対する必要かつ適切な監督を行わなければならない（法22条）。従って、本記述は正しい。

イ 正しい。　個人情報取扱事業者は、個人データの安全管理措置の状況を契約締結時及びそれ以後も適宜把握せず外部の事業者に委託した場合で、委託先が個人データを漏えいした場合、委託を受けた者に対して必要かつ適切な監督を行っていたとはいえない。従って、本記述は正しい。

ウ 正しい。　優越的地位にある者が委託元の場合、委託元は、委託先との責任分担を無視して、本人からの損害賠償請求に係る責務を一方的に委託先に課す、委託先からの報告や監査において過度な負担を強いるなど、委託先に不当な負担を課すことがあってはならないとされている。従って、本記述は正しい。

エ 誤り。　個人情報取扱事業者が個人データの取扱いを委託する場合に契約に盛り込むことが望まれる事項としては、「再委託に関する事項」が挙げられる。従って、本記述は誤っている。

解答 ▶▶ エ

問題 46

個人データの第三者への提供に関する【問題文A】から【問題文C】の内容についての以下のアからエまでの記述のうち、正しいものを1つ選びなさい。

【問題文A】個人情報取扱事業者は、原則として、あらかじめ本人の同意を得ないで、個人データを第三者に提供してはならず、同意の取得に当たっては、事業の性質及び個人情報の取扱状況に応じ、本人が同意に係る判断を行うために必要と考えられる合理的かつ適切な範囲の内容を明確に示すこととされている。

【問題文B】個人情報取扱事業者が、国内に居住している個人の個人データを外国の会社に提供する場合は、あらかじめ本人の同意を得る必要はない。

【問題文C】個人情報取扱事業者が、所得税法の規定に基づき税務署長に対する支払調書を提出する場合、あらかじめ本人の同意を得る必要はない。

ア．Aのみ誤っている。
イ．Bのみ誤っている。
ウ．Cのみ誤っている。
エ．すべて正しい。

解説 ▶▶ 個人データの第三者への提供（法23条1項）

個人情報保護法23条は、個人情報取扱事業者が、個人データを第三者に提供するときは、原則としてあらかじめ本人の同意を得なければならないとし、その例外についても定めている。本問は、この個人データの第三者への提供についての理解を問うものである。

A 正しい。 個人情報取扱事業者は、原則として、あらかじめ本人の同意を得ないで、個人データを第三者に提供してはならず（法23条1項）、同意の取得に当たっては、事業の性質及び個人情報の取扱状況に応じ、本人が同意に係る判断を行うために必要と考えられる合理的かつ適切な範囲の内容を明確に示すこととされている。従って、本記述は正しい。

B 誤 り。 個人情報取扱事業者が、国内に居住している個人の個人データを外国の会社に提供する場合は、個人データの第三者提供に当たる。このため、原則として、あらかじめ本人の同意を得る必要がある。従って、本記述は誤っている。

C 正しい。 法23条1項各号は、個人情報取扱事業者が個人データを第三者に提供する場合に、例外的に、あらかじめ本人の同意を得る必要がない場合を定めている。このうち1号は「法令に基づく場合」を挙げている。所得税法の規定に基づき税務署長に対する支払調書を提出する場合（所得税法225条1項等）は、これに当たるので、あらかじめ本人の同意を得る必要はない。従って、本記述は正しい。

以上により、問題文Bのみ誤っている。従って、正解は肢イとなる。

解答 ▶▶ イ

問題 47　次のアからエまでの記述のうち、個人データの第三者への提供に関する【問題文A】から【問題文C】の内容として正しいものを1つ選びなさい。

【問題文A】個人情報取扱事業者は、あらかじめ本人の同意を得ないで、個人データを第三者に提供してはならないが、同一事業者内で他部門へ個人データを提供することは、この第三者提供に当たらない。

【問題文B】個人情報取扱事業者が個人データを第三者に提供する場合、それが公衆衛生の向上又は児童の健全な育成の推進のために特に必要がある場合であって、本人の同意を得ることが困難であるときは、あらかじめ本人の同意を得る必要はない。

【問題文C】個人情報取扱事業者が、地方公共団体が行う統計調査に回答する場合、個人データを提供することについて、あらかじめ本人の同意を得る必要はない。

ア．Aのみ誤っている。
イ．Bのみ誤っている。
ウ．Cのみ誤っている。
エ．すべて正しい。

解説 ▶▶ 個人データの第三者への提供の制限（法23条1項）

個人情報保護法23条1項は、個人情報取扱事業者は、個人データを第三者に提供するときは、原則として、あらかじめ本人の同意を得なければならないと規定している。本問は、この個人データの第三者への提供についての理解を問うものである。

A 正しい。　個人情報取扱事業者は、原則として、あらかじめ本人の同意を得ないで、個人データを第三者に提供してはならない（法23条1項柱書）。そして、同一事業者内で他部門へ個人データを提供することは、この第三者提供に当たらない。従って、本記述は正しい。

B 正しい。　個人情報取扱事業者が個人データを第三者に提供する場合において、法23条1項3号は、「公衆衛生の向上又は児童の健全な育成の推進のために特に必要がある場合であって、本人の同意を得ることが困難であるとき。」は、例外的に、あらかじめ本人の同意を得る必要がない旨定めている。従って、本記述は正しい。

C 正しい。　個人情報取扱事業者が個人データを第三者に提供する場合において、法23条1項4号は、「国の機関若しくは地方公共団体又はその委託を受けた者が法令の定める事務を遂行することに対して協力する必要がある場合であって、本人の同意を得ることにより当該事務の遂行に支障を及ぼすおそれがあるとき。」は、例外的に、あらかじめ本人の同意を得る必要がない旨定めている。地方公共団体が行う統計調査に回答する場合はこれに当たるので、個人データを提供することについて、あらかじめ本人の同意を得る必要はない。従って、本記述は正しい。

以上により、問題文ＡＢＣはすべて正しい。従って、正解は肢エとなる。

解答 ▶▶ エ

個人データの第三者への提供に当たり、あらかじめ、法の要求する事項すべてを本人に通知し、又は本人が容易に知り得る状態に置いておくとともに、本人の求めに応じて第三者への提供を停止することを「第三者提供におけるオプトアウト」という。この「第三者提供におけるオプトアウト」に関する以下のアからエまでの記述のうち、誤っているものを1つ選びなさい。

ア．個人情報取扱事業者は、「第三者提供におけるオプトアウト」を行っている場合には、本人の同意なく、個人データを第三者に提供することができる。

イ．個人情報取扱事業者は、「第三者提供におけるオプトアウト」を行う場合、第三者に提供される個人データの項目を、あらかじめ本人に通知し、又は本人が容易に知り得る状態に置かなければならない。

ウ．個人情報取扱事業者が、「第三者提供におけるオプトアウト」の方法によって個人データを第三者へ提供する場合、提供の方法としてインターネットによる公開の方法は許されない。

エ．オプトアウトの方法によって個人データを第三者に提供する場合、例えば、名簿等の入手元を明らかにしないことを条件に販売するなどのように、提供元の個人情報取扱事業者は、提供先に対して、その個人データの入手元を開示することを妨げるようなことは避けることが望ましい。

解説 ▶▶ 個人データの第三者への提供の制限（オプトアウト）（法23条2項）

個人情報保護法23条2項は、「第三者提供におけるオプトアウト」を定めている。この「第三者提供におけるオプトアウト」とは、法23条2項各号に挙げられた事項について、あらかじめ、本人に通知し、又は本人が容易に知り得る状態に置いておくとともに、本人の求めに応じて個人データの第三者への提供を停止することとしている場合をいう。この「第三者提供におけるオプトアウト」を行っている場合には、本人の同意なく、当該個人データを第三者に提供することができる。本問は、この「第三者提供におけるオプトアウト」についての理解を問うものである。

ア 正しい。　個人情報取扱事業者は、「第三者提供におけるオプトアウト」を行っている場合には、本人の同意なく、個人データを第三者に提供することができる（法23条2項）。従って、本記述は正しい。

イ 正しい。　個人情報取扱事業者は、「第三者提供におけるオプトアウト」を行っている場合に、法23条2項2号は、「第三者に提供される個人データの項目」について、あらかじめ、本人に通知し、又は本人が容易に知り得る状態に置かなければならないとしている。従って、本記述は正しい。

ウ 誤り。　オプトアウトの方法によって個人データを第三者に提供する場合の「提供」とは、個人データを利用可能な状態に置くことをいう。インターネットに掲載して公開することもこの「提供」に当たるため、オプトアウトの方法により行うことができる。従って、本記述は誤っている。

エ 正しい。　オプトアウトの方法によって個人データを第三者に提供する場合、例えば、名簿等の入手元を明らかにしないことを条件に販売するなどのように、提供元の個人情報取扱事業者は、提供先に対して、その個人データの入手元を開示することを妨げるようなことは避けることが望ましいとされている。従って、本記述は正しい。

解答 ▶▶ **ウ**

以下のアからエまでの記述のうち、保有個人データに関する【問題文A】から【問題文C】の内容として正しいものを１つ選びなさい。

【問題文A】個人情報取扱事業者は、一定の場合を除き、すべての保有個人データの利用目的を本人の知り得る状態に置かなければならない。

【問題文B】個人情報取扱事業者は、利用目的を本人に通知し、又は公表することにより本人又は第三者の生命、身体、財産その他の権利利益を害するおそれがある場合には、保有個人データの利用目的を、本人の知り得る状態に置かなくてもよい。

【問題文C】個人情報取扱事業者は、個人情報保護法の規定に基づき本人から求められた保有個人データの利用目的を通知しない旨の決定をしたときにおいては、何ら通知を行う必要はない。

ア．Aのみ誤っている。
イ．Bのみ誤っている。
ウ．Cのみ誤っている。
エ．すべて正しい。

解説 ▶▶ 保有個人データに関する事項の公表等（法24条、改正後27条）

個人情報保護法24条1項（改正後27条1項）は、個人情報取扱事業者が、保有個人データに関し、本人の知り得る状態（本人の求めに応じて遅滞なく回答する場合を含む。）に置かなければならない事項を定めている。また、24条3項（改正後27条3項）は、保有個人データの利用目的を通知しない旨の決定をしたときは、本人に対し、遅滞なく、その旨を通知しなければならないと定めている。本問は、この保有個人データに関する事項の公表等についての理解を問うものである。

A 正しい。 法24条1項（改正後27条1項）各号は、個人情報取扱事業者が、保有個人データに関し、本人の知り得る状態に置かなければならない事項を定めている。このうち2号は、「すべての保有個人データの利用目的（第18条第4項第1号から第3号までに該当する場合を除く。）」を挙げている。従って、本記述は正しい。

B 正しい。 法24条1項（改正後27条1項）各号は、個人情報取扱事業者が、保有個人データに関し、本人の知り得る状態（本人の求めに応じて遅滞なく回答する場合を含む。）に置かなければならない事項を定めている。このうち2号は、「すべての保有個人データの利用目的」を挙げているが、法18条4項1号から3号までに該当する場合は除外されている。そして、法18条4項1号は、「利用目的を本人に通知し、又は公表することにより本人又は第三者の生命、身体、財産その他の権利利益を害するおそれがある場合」を挙げている。従って、本記述は正しい。

C 誤り。 個人情報取扱事業者は、個人情報保護法の規定に基づき本人から求められた保有個人データの利用目的を通知しない旨の決定をしたときは、本人に対し、遅滞なく、その旨を通知しなければならない（法24条3項、改正後27条3項）。従って、本記述は誤っている。

以上により、問題文ABは正しいが、Cは誤っている。従って、正解は肢ウとなる。

解答 ▶▶ ウ

問題50

以下のアからエまでの記述のうち、個人情報取扱事業者の苦情の処理に関する【問題文A】から【問題文C】の内容として正しいものを１つ選びなさい。

【問題文A】個人情報保護法上の苦情の処理義務の対象となる苦情は、本人の個人情報の取扱いに関するものに限られる。

【問題文B】個人情報取扱事業者は、苦情の適切かつ迅速な処理を行うに当たり、苦情処理窓口の設置等の必要な体制の整備に努めなければならない。

【問題文C】個人情報取扱事業者は、当該個人情報取扱事業者が行う保有個人データの取扱いに関する苦情の申出先について、本人の知り得る状態に置かなければならない。

ア．Aのみ誤っている。
イ．Bのみ誤っている。
ウ．Cのみ誤っている。
エ．すべて正しい。

解説▶▶ 苦情処理（法31条、改正後35条）

個人情報保護法31条（改正後35条）は、個人情報取扱事業者の苦情の処理について定めている。本問は、この苦情の処理についての理解を問うものである。

A 誤り。 個人情報取扱事業者は、個人情報の取扱いに関する苦情の適切かつ迅速な処理に努めなければならない（法31条１項、改正後35条１項）。そして、苦情の処理義務の対象となる苦情は、本人の個人情報の取扱いに関するものに限定されない。従って、本記述は誤っている。

B 正しい。 個人情報取扱事業者は、苦情の適切かつ迅速な処理を行うに当たり、必要な体制の整備に努めなければならない（法31条２項、改正後35条２項）。必要な体制の整備としては、苦情処理窓口の設置や苦情処理の手順を定めること等が挙げられる。従って、本記述は正しい。

C 正しい。 個人情報取扱事業者は、当該個人情報取扱事業者が行う保有個人データの取扱いに関する苦情の申出先について、本人の知り得る状態に置かなければならない（法24条１項４号、改正後27条１項４号、個人情報の保護に関する法律施行令５条１号）。従って、本記述は正しい。

以上により、問題文BCは正しいが、Aは誤っている。従って、正解は肢アとなる。

解答▶▶ ア

2級

出題分野

課題Ⅰ 個人情報保護の総論
- 個人情報保護法の理解

課題Ⅱ 個人情報保護の対策と情報セキュリティ
- 脅威と対策
- 組織的・人的セキュリティ
- オフィスセキュリティ

試験形態：マークシート方式
問 題 数：80問（2択30問・4択50問）
合格基準：80%以上
試験時間：90分

課題Ⅰ．個人情報保護の総論

■ 以下は、個人情報保護の総論に関する問題である。正しい場合にはアを、誤っている場合にはイを選択しなさい。

問題 01 個人情報保護法の制定は、OECD8原則の採択より後になされたものである。

ア．正しい　　イ．誤っている

解説 ▶▶ 個人情報保護法制定の経緯・社会的背景

OECD8原則の採択は1980年9月であり、個人情報保護法の制定は2003年5月である。従って、個人情報保護法の制定は、OECD8原則の採択より後になされたものである。ヨーロッパ諸国を中心に日・米を含めた約30か国が加盟するOECD（経済協力開発機構）は、各国間で個人情報をやり取りする際の個人情報保護のレベルを一定に保つため、1980年に「プライバシー保護と個人データの国際流通についてのガイドラインに関するOECD理事会勧告」を採択し、その勧告付属文書として「プライバシー保護と個人データの国際流通についてのガイドライン」（OECDプライバシーガイドライン）を公表した。このガイドラインに含まれる基本原則がOECD8原則と呼ばれるものである。日本でもOECD8原則を受け、個人情報保護法が制定された。

解答 ▶▶ ア

問題 02 個人情報保護法により定められている個人情報取扱事業者に対する義務と、JIS Q 15001の規格上で要求されている義務は同じであり、個人情報保護法上において適法であれば、JIS Q 15001の規格上でも適合であると認められる。

ア．正しい　　イ．誤っている

解説 ▶▶ JIS Q 15001・プライバシーマーク制度

個人情報保護法により定められている個人情報取扱事業者に対する義務と、JIS Q 15001の規格上で要求されている義務は異なるものがあり、JIS Q 15001の規格上の方が一段高い義務を課すものがある。例えば、個人情報保護法では、「個人情報」とは生存する個人の情報、氏名、生年月日、性別、住所など特定の個人を識別できる情報のことをいうが、JIS Q 15001では死者の情報（歴史上の人物は除く）も個人情報として取り扱うものとされている。また、個人情報の保有件数や検索できるかどうかは問題とされないものとされている。したがって、JIS Q 15001の規格にしたがっていて、プライバシーマークを取得することは、個人情報保護法より一段高いレベルの保護水準を確立していることを対外的にアピールすることになり、事業者にとって大きなメリットになるといえる。

解答 ▶▶ イ

問題 03
個人情報の取扱いに関し事業者と本人との間に生じた苦情の処理は、もっぱら事業者と本人による処理に委ね、地方公共団体は適切かつ迅速な処理を図るために必要な措置を講ずるべきではない。

ア．正しい　イ．誤っている

解説 ▶▶ 個人情報保護法の現状・総論

法13条は、地方公共団体は、個人情報の取扱いに関し事業者と本人との間に生じた苦情が適切かつ迅速に処理されるようにするため、苦情の処理のあっせんその他必要な措置を講ずるよう努めなければならないと定めている。

解答 ▶▶ イ

問題 04
行政機関の長は、本人の同意がある場合であっても、原則として、利用目的以外の目的のために保有個人情報を提供することはできない。

ア．正しい　イ．誤っている

解説 ▶▶ 行政機関個人情報保護法

行政機関個人情報保護法8条2項1号は、行政機関の長が利用目的以外の目的のために保有個人情報を自ら利用又は提供することが許される場合として、「本人の同意があるとき、又は本人に提供するとき」を挙げている。このため、本人の同意があれば、本人又は第三者の権利利益を不当に侵害するおそれがあると認められない限り、利用目的以外の目的のために保有個人情報を自ら利用又は提供することが許される。

解答 ▶▶ イ

問題 05
企業の財務情報等、法人等の団体そのものに関する情報は、「個人情報」には当たらない。

ア．正しい　イ．誤っている

解説 ▶▶ 個人情報・個人情報データベース等

「個人情報」とは、生存する「個人に関する情報」であるから、企業の財務情報等、法人等の団体そのものに関する情報は、「個人情報」に当たらない。

解答 ▶▶ ア

問題 06 従業者が、自己の名刺入れについて他人が自由に検索できる状況に置いていても、他人には容易に検索できない独自の分類方法により名刺を分類した状態である場合は、「個人情報データベース等」に当たらない。

　　　ア． 正しい　　**イ．** 誤っている

解説 ▶▶ 個人情報・個人情報データベース等

従業者が、自己の名刺入れについて他人が自由に検索できる状況に置いていても、他人には容易に検索できない独自の分類方法により名刺を分類した状態である場合は、「個人情報データベース等」に当たらない。

解答 ▶▶ ア

問題 07 個人情報データベース等から他の媒体に格納したバックアップ用の個人情報は、「個人データ」に該当する。

　　　ア． 正しい　　**イ．** 誤っている

解説 ▶▶ 個人データ・保有個人データ

「個人データ」とは、個人情報データベース等を構成する個人情報をいうとされている（法2条4項）。そして、個人情報データベース等から他の媒体に格納したバックアップ用の個人情報も、個人情報データベース等を構成する個人情報であるため、「個人データ」に該当する。

解答 ▶▶ ア

問題 08 悪質なクレーマー等からの不当要求被害を防止するため、当該行為を繰り返す者を本人とする個人データを保有している場合、当該個人データは「保有個人データ」に該当する。

　　　ア．正しい　　イ．誤っている

解説 ▶▶ 個人データ・保有個人データ

「保有個人データ」とは、個人情報取扱事業者が、開示、内容の訂正、追加又は削除、利用の停止、消去及び第三者への提供の停止を行うことのできる権限を有する個人データであって、その存否が明らかになることにより公益その他の利益が害されるものとして政令で定めるもの又は1年以内の政令で定める期間（6か月）以内に消去することとなるもの以外のものをいうとされている（法2条5項）。そして、これを受けた個人情報の保護に関する法律施行令3条2号は、「個人保有データ」に当たらないものとして、「当該個人データの存否が明らかになることにより、違法又は不当な行為を助長し、又は誘発するおそれがあるもの」を挙げている。このため、悪質なクレーマー等からの不当要求被害を防止するため、当該行為を繰り返す者を本人とする個人データを保有している場合、当該個人データは「保有個人データ」に該当しない。

解答 ▶▶ イ

問題 09 個人情報取扱事業者は、本人との間で契約を締結することに伴って契約書その他の書面に記載された当該本人の個人情報を取得する場合、あらかじめ、本人に対し、その利用目的を明示しなければならないが、ここでいう「本人に対し、その利用目的を明示」とは、本人に対し、その利用目的を明確に示すことをいい、例えば、利用目的が裏面の約款に記載されている場合、そのことを伝えるなど、本人が実際に利用目的を目にできるよう留意する必要があるとされる。

　　　ア．正しい　　イ．誤っている

解説 ▶▶ 個人情報取扱事業者

個人情報取扱事業者は、本人との間で契約を締結することに伴って契約書その他の書面に記載された当該本人の個人情報を取得する場合、あらかじめ、本人に対し、その利用目的を明示しなければならない（法18条2項）。ここでいう「本人に対し、その利用目的を明示」とは、本人に対し、その利用目的を明確に示すことをいい、例えば、利用目的を明記した契約書その他の書面を相手方である本人に手渡し、又は送付することがこれに当たる。また、利用目的が裏面の約款に記載されている場合、そのことを伝えるなど、本人が実際に利用目的を目にできるよう留意する必要があるとされる。

解答 ▶▶ ア

問題 10 情報処理サービスを行っている事業者の場合、「給与計算処理サービス、あて名印刷サービス、伝票の印刷・発送サービス等の情報処理サービスを業として行うために、委託された個人情報を取り扱います。」のようにしても利用目的を特定したことにはならない。

　　ア．正しい　　イ．誤っている

解説 ▶▶ 個人情報の利用目的の特定・制限

情報処理サービスを行っている事業者の場合であれば、「給与計算処理サービス、あて名印刷サービス、伝票の印刷・発送サービス等の情報処理サービスを業として行うために、委託された個人情報を取り扱います。」のようにすれば利用目的を特定したことになる。

解答 ▶▶ イ

問題 11 個人情報取扱事業者は、不正の利益を得る目的で、秘密として管理されている事業上有用な個人情報で公然と知られていないものを、不正に取得したり、不正に使用・開示したとしても、刑事罰が科される可能性はない。

　　ア．正しい　　イ．誤っている

解説 ▶▶ 個人情報の適正な取得・取得に際しての利用目的の通知・公表等

不正の利益を得る目的で、又はその保有者に損害を加える目的で、秘密として管理されている事業上有用な個人情報で公然と知られていないものを、不正に取得したり、不正に使用・開示した場合には、不正競争防止法21条、22条により刑事罰が科される可能性がある。

解答 ▶▶ イ

問題 12 個人情報取扱事業者は、利用目的の達成に必要な範囲内において、個人情報データベース等への個人情報の入力時の照合・確認の手続の整備を行うことにより、個人データを正確かつ最新の内容に保つよう努めなければならない。

　　ア．正しい　　イ．誤っている

解説 ▶▶ データ内容の正確性の確保

個人情報取扱事業者は、利用目的の達成に必要な範囲内において、個人情報データベース等への個人情報の入力時の照合・確認の手続の整備を行うことにより、個人データを正確かつ最新の内容に保つよう努めなければならない。

解答 ▶▶ ア

問題 13 個人情報取扱事業者が、内容物に個人情報が含まれない荷物等の宅配又は郵送を委託したところ、誤配によって宛名に記載された個人データが第三者に開示された場合、安全管理措置を講じているとはいえない。

　　　ア．正しい　　イ．誤っている

解説 ▶▶ 安全管理措置

個人情報取扱事業者が、内容物に個人情報が含まれない荷物等の宅配又は郵送を委託したところ、誤配によって宛名に記載された個人データが第三者に開示された場合は、安全管理措置の義務違反とはならない。

解答 ▶▶ イ

問題 14 個人情報取扱事業者が委託先に対して行う「必要かつ適切な監督」には、委託した個人データの委託先における取扱状況の把握は含まれない。

　　　ア．正しい　　イ．誤っている

解説 ▶▶ 従業者の監督・委託先の監督

個人情報取扱事業者が委託先に対して行う「必要かつ適切な監督」には、委託した個人データの委託先における取扱状況の把握が含まれる。

解答 ▶▶ イ

問題 15 個人情報取扱事業者が、「第三者提供におけるオプトアウト」の方法によって個人データを第三者へ提供する場合、例えば、名簿等の入手元を明らかにしないことを条件に販売するなどのように、提供元の個人情報取扱事業者は、提供先に対して、その個人データの入手元を開示することを妨げるようなことは避けることが望ましい。

　　　ア．正しい　　イ．誤っている

解説 ▶▶ 個人データの第三者への提供・オプトアウト・共同利用

「第三者提供におけるオプトアウト」の方法によって個人データを第三者に提供する場合、例えば、名簿等の入手元を明らかにしないことを条件に販売するなどのように、提供元の個人情報取扱事業者は、提供先に対して、その個人データの入手元を開示することを妨げるようなことは避けることが望ましい。

解答 ▶▶ ア

■ 次の問に対応するものを、各選択肢（ア～エ）から1つ選びなさい。

問題 16
個人情報保護法制定の社会的背景に関する以下のアからエまでの記述のうち、誤っているものを1つ選びなさい。

ア．個人情報保護法制定の社会的背景として、宇治市住民基本台帳データ漏えい事件など、当時から個人情報の漏えい事件が発生していたことや、政府が当時、住民基本台帳ネットワークシステム導入を計画していたことが挙げられる。

イ．個人情報保護法の制定以前には、我が国において、個人情報保護について定めた法律は存在しなかった。

ウ．個人情報保護法制定の社会的背景として、プライバシー等の個人の権利利益侵害の不安感が増大したことが挙げられる。

エ．個人情報保護法制定の社会的背景として、OECD加盟国のほとんどの国において民間部門を対象にした法制が整備されたことが挙げられる。

解説 ▶▶ 個人情報保護法制定の社会的背景

本問は、個人情報保護法制定の社会的背景についての理解を問うものである。

ア 正しい。 個人情報保護法制定の社会的背景として、平成11年5月に発覚した宇治市住民基本台帳データ漏えい事件など、当時から個人情報の漏えい事件が発生していたことや、政府が当時、住民基本台帳ネットワークシステム導入を計画していたことが挙げられる（平成14年には、住民基本台帳ネットワークシステムの一次稼働がなされた）。従って、本記述は正しい。

イ 誤り。 2003年5月の個人情報保護法の制定以前にも、我が国においては、1988年に公布された「行政機関の保有する電子計算機処理に係る個人情報の保護に関する法律」等の個人情報保護について定めた法律が存在した。従って、本記述は誤っている。

ウ 正しい。 個人情報保護法制定の社会的背景として、IT社会の影、すなわちプライバシー等の個人の権利利益侵害の危険性・不安感が増大したことが挙げられる。従って、本記述は正しい。

エ 正しい。 個人情報保護法制定の社会的背景として、OECD加盟国のほとんどの国において民間部門を対象にした法制が整備されたことが挙げられる。従って、本記述は正しい。

解答 ▶▶ イ

問題 17 プライバシーマーク制度に関する以下のアからエまでの記述のうち、誤っているものを1つ選びなさい。

ア．プライバシーマーク制度は、個人情報について適切な保護措置を講ずる体制を整備している事業者等を認定して、その旨を示すプライバシーマークを付与し、事業活動に関してプライバシーマークの使用を認める制度である。

イ．プライバシーマーク制度の目的は、適切な個人情報の取扱いを推進することによって、消費者の個人情報の保護意識の高まりにこたえ、社会的な信用を得るためのインセンティブを事業者に与えることである。

ウ．プライバシーマーク付与の対象は、国内に活動拠点を持つ事業者である。

エ．プライバシーマーク付与の有効期間は、5年間である。

解説 ▶▶ プライバシーマーク制度

本問は、個人情報保護に関する事業者の取組みの一環として用いられているプライバシーマーク制度についての理解を問うものである。

ア 正しい。　プライバシーマーク制度は、日本工業規格「JIS Q 15001 個人情報保護マネジメントシステム－要求事項」に適合して、個人情報について適切な保護措置を講ずる体制を整備している事業者等を認定して、その旨を示すプライバシーマークを付与し、事業活動に関してプライバシーマークの使用を認める制度である。従って、本記述は正しい。

イ 正しい。　プライバシーマーク制度の目的は、適切な個人情報の取扱いを推進することによって、消費者の個人情報の保護意識の高まりにこたえ、社会的な信用を得るためのインセンティブを事業者に与えることである。従って、本記述は正しい。

ウ 正しい。　プライバシーマーク付与の対象は、国内に活動拠点を持つ事業者である。従って、本記述は正しい。

エ 誤り。　プライバシーマーク付与の有効期間は、2年間である（以降は、2年ごとの更新が必要とされている。）。従って、本記述は誤っている。

解答 ▶▶ エ

問題 18 個人情報保護に関するいわゆる「過剰反応」として問題となっている事例に関する以下のアからエまでの記述のうち、正しいものを１つ選びなさい。

ア． いわゆる「過剰反応」により、民生委員・児童委員の活動のベースともなる要援護者の情報が提供されなくなり、民生委員・児童委員の活動に支障が出ているというケースがあるとされるが、当該要援護者の情報は「個人データ」に当たり、民生委員・児童委員に提供することは本人の同意がない以上、一切できないとされる。

イ． 個人情報保護法上、本人の同意なく、避難行動要支援者名簿を作成することは問題が多いとされ、災害対策基本法という法律でも、避難行動要支援者名簿の作成は禁止されている。

ウ． 統計法による基幹統計調査の調査員に対して個人データを提供することは、本人の同意がなくてもすることができ、正当な理由なく拒むことは、いわゆる「過剰反応」であると考えられる。

エ． 個人情報取扱事業者に当たる学校でクラス名簿や緊急連絡網を配付したり、生徒が映っている学校行事での写真をPTA広報等に掲載したりすることは、本人や保護者に利用目的の通知等をしなくてもすることができる。

• 2級 •

解説 ▶▶ 個人情報保護における過剰反応の問題

個人情報保護法は、「個人の権利利益の保護」と「個人情報の有用性」のバランスの上に成り立っており、個人情報であるからといって何でも保護することは問題であると指摘されている。これは、個人情報保護に関するいわゆる「過剰反応」の問題であるとされるが、本問は、この過剰反応の問題の理解を問うものである。

ア 誤 り。 いわゆる「過剰反応」により、民生委員・児童委員の活動のベースともなる要援護者の情報が適切に提供されなくなり、民生委員・児童委員の活動に支障が出ているという報告がある。民生委員・児童委員は、特別職の地方公務員とされており（地方公務員法3条3項2号）、守秘義務も課せられていることから（民生委員法15条）、その職務の遂行に必要な個人データの提供を受けることは、個人データの第三者提供の制限の例外と考えることができる（個人情報保護法23条1項4号）。従って、本記述は誤っている。

イ 誤 り。 災害対策基本法は、平成25年に改正（平成26年4月1日施行）され、避難行動要支援者名簿の作成を市町村長に義務付けるとともに、その作成に際し必要な個人情報を利用できることとされた（災害対策基本法49条の10以降）。従って、本記述は誤っている。

ウ 正しい。 法23条1項1号は、「法令に基づく場合」においては、あらかじめ本人の同意を得ないで、個人データを第三者に対して提供することができる旨、規定している。この「法令に基づく場合」には、統計法による国勢調査などの基幹統計調査に関する協力要請に応じる場合（統計法13条、30条）などが含まれる。よって、個人データの提供を正当な理由なく拒むことは、いわゆる「過剰反応」であると考えられる。従って、本記述は正しい。

エ 誤 り。 個人情報取扱事業者に当たる学校におけるクラス名簿や緊急連絡網などの配付については、利用目的（緊急連絡網として配付するなど）を定めて、本人や保護者に通知等をしなければならない（個人情報保護法18条1項、23条1項）。生徒が映っている学校行事での写真についても、当該生徒が誰であるのかを識別できるのであれば個人情報であり、それをPTA広報等に掲載する場合には、その利用目的を本人や保護者に通知等をする必要がある。従って、本記述は誤っている。

解答 ▶▶ ウ

問題19 個人情報保護法に関する以下のアからエまでの記述のうち、誤っているものを1つ選びなさい。

ア． 国は、個人情報保護法の趣旨にのっとり、個人情報の適正な取扱いを確保するために必要な施策を総合的に策定し、及びこれを実施する責務を有するとされている。また、地方公共団体も、個人情報保護法の趣旨にのっとり、その地方公共団体の区域の特性に応じて、個人情報の適正な取扱いを確保するために必要な施策を策定し、及びこれを実施する責務を有するとされている。

イ． 国は、地方公共団体との適切な役割分担を通じ、個人情報取扱事業者による個人情報の適正な取扱いを確保するために必要な措置を講ずるものとするとされている。そして、地方公共団体は、その保有する個人情報の性質、当該個人情報を保有する目的等を勘案し、その保有する個人情報の適正な取扱いが確保されるよう必要な措置を講ずることに努めなければならないとされている。

ウ． 地方公共団体は、個人情報の取扱いに関し事業者と本人との間に生じた苦情が適切かつ迅速に処理されるようにするため、苦情の処理のあっせんその他必要な措置を講ずるよう努めなければならないとされている。これに対して、国は、地方公共団体のこのような活動を阻害しないよう、事業者と本人との間に生じた苦情に介入することはできないものとされている。

エ． 国及び地方公共団体は、個人情報の保護に関する施策を講ずるにつき、相協力するものとされている。

解説 ▶▶ 法2章・3章（法4条～14条）

個人情報保護法は、第2章で個人情報保護をめぐる国及び地方公共団体の責務等について、第3章で個人情報の保護に関する施策等について定めている。本問は、この個人情報保護法第2章・第3章の規定に関する理解を問うものである。

ア 正しい。 国は、個人情報保護法の趣旨にのっとり、個人情報の適正な取扱いを確保するために必要な施策を総合的に策定し、及びこれを実施する責務を有するとされている（法4条）。また、地方公共団体も、個人情報保護法の趣旨にのっとり、その地方公共団体の区域の特性に応じて、個人情報の適正な取扱いを確保するために必要な施策を策定し、及びこれを実施する責務を有するとされている（法5条）。従って、本記述は正しい。

イ 正しい。 国は、地方公共団体との適切な役割分担を通じ、個人情報取扱事業者による個人情報の適正な取扱いを確保するために必要な措置を講ずるものとするとされている（法10条）。そして、地方公共団体は、その保有する個人情報の性質、当該個人情報を保有する目的等を勘案し、その保有する個人情報の適正な取扱いが確保されるよう必要な措置を講ずることに努めなければならないとされている（法11条1項）。従って、本記述は正しい。

ウ 誤り。 地方公共団体は、個人情報の取扱いに関し事業者と本人との間に生じた苦情が適切かつ迅速に処理されるようにするため、苦情の処理のあっせんその他必要な措置を講ずるよう努めなければならないとされている（法13条）。また、国も、個人情報の取扱いに関し事業者と本人との間に生じた苦情の適切かつ迅速な処理を図るために必要な措置を講ずるものとされており（法9条）、事業者と本人との間に生じた苦情に介入することができないとはされていない。従って、本記述は誤っている。

エ 正しい。 国及び地方公共団体は、個人情報の保護に関する施策を講ずるにつき、相協力するものとされている（法14条）。従って、本記述は正しい。

解答 ▶▶ ウ

問題20 「個人情報」に関する以下のアからエまでの記述のうち、誤っているものを1つ選びなさい。

ア．個人の財産に関する情報は、「個人情報」に当たることがある。
イ．特定個人を識別できる情報が記述されていなくても、周知の情報を補って認識することにより特定の個人を識別できる情報は、「個人情報」に当たることがある。
ウ．暗号化等によって秘匿化されている情報は、「個人情報」に当たることがある。
エ．「個人情報」には、他の情報と容易に照合することができ、それにより特定の個人を識別することができるものが含まれるが、例えば、通常の作業範囲において、個人情報データベース等にアクセスし、照合することができる状態のみならず、他の事業者への照会を要する場合のように照合が困難な状態であっても、それにより特定の個人を識別することができるのであれば、「個人情報」に当たる。

解説 ▶▶ 個人情報（法2条1項）

「個人情報」とは、生存する個人に関する情報であって、当該情報に含まれる氏名、生年月日その他の記述等により特定の個人を識別することができるもの（他の情報と容易に照合することができ、それにより特定の個人を識別することができることとなるものを含む。）をいうと定義されている（法2条1項）。本問は、この「個人情報」についての理解を問うものである。

ア 正しい。 「個人に関する情報」は、氏名、性別、生年月日等個人を識別する情報に限られず、個人の身体、財産、職種、肩書等の属性に関して、事実、判断、評価を表すすべての情報のことを指す。従って、個人の財産に関する情報は「個人情報」に当たることがある。従って、本記述は正しい。

イ 正しい。 特定個人を識別できる情報が記述されていなくても、周知の情報を補って認識することにより特定の個人を識別できる情報は、「個人情報」に当たることがある。従って、本記述は正しい。

ウ 正しい。 「個人に関する情報」は暗号化等によって秘匿化されているか否かを問わない。このため、暗号化等によって秘匿化されている情報も、「個人情報」に当たることがある。従って、本記述は正しい。

エ 誤り。 「個人情報」とは、生存する「個人に関する情報」であって、特定の個人を識別することができるもの（他の情報と容易に照合することができ、それにより特定の個人を識別することができることとなるものを含む。）をいうが、これは、例えば、通常の作業範囲において、個人情報データベース等にアクセスし、照合することができる状態をいい、他の事業者への照会を要する場合のように照合が困難な状態を除くものとされている。従って、本記述は誤っている。

解答 ▶▶ エ

問題21 以下のアからエまでの記述のうち、「個人情報取扱事業者」に関する【問題文A】から【問題文C】の内容として正しいものを1つ選びなさい。

【問題文A】家庭裁判所は、個人情報保護法上、「個人情報取扱事業者」に当たらない。

【問題文B】非営利団体は、個人情報保護法上、「個人情報取扱事業者」に当たらない。

【問題文C】権利能力のない社団（任意団体）は、個人情報保護法上、「個人情報取扱事業者」に当たることがある。

ア．Aのみ誤っている。
イ．Bのみ誤っている。
ウ．Cのみ誤っている。
エ．すべて正しい。

解説 ▶▶ 個人情報取扱事業者（法2条3項、改正後2条5項）

「個人情報取扱事業者」とは、個人情報データベース等を事業の用に供している者をいうと定義されている（法2条3項本文、改正後2条5項本文）。また、「個人情報取扱事業者」から除外される者についても規定されている（法2条3項ただし書、改正後2条5項ただし書）。本問は、この「個人情報取扱事業者」についての理解を問うものである。

A 正しい。　法2条3項1号（改正後2条5項1号）は、「国の機関」を「個人情報取扱事業者」から除外している。家庭裁判所は「国の機関」であるため、「個人情報取扱事業者」に当たらない。従って、本記述は正しい。

B 誤り。　「個人情報取扱事業者」とは、個人情報データベース等を事業の用に供している者をいうが、ここでいう「事業」とは、一定の目的をもって反復継続して遂行される同種の行為であって、かつ、一般社会通念上事業と認められるものをいい、営利事業のみを対象とするものではない。このため、非営利団体であっても、「個人情報取扱事業者」に当たる場合がある。従って、本記述は誤っている。

C 正しい。　「個人情報取扱事業者」とは、個人情報データベース等を事業の用に供している者をいうが、法人格のない、権利能力のない社団（任意団体）又は個人であっても、「個人情報取扱事業者」に当たることがある。従って、本記述は正しい。

以上により、問題文ACは正しいが、Bは誤っている。従って、正解は肢イとなる。

解答 ▶▶ イ

問題22 「個人データ」及び「保有個人データ」に関する以下のアからエまでの記述のうち、誤っているものを1つ選びなさい。

ア. 個人情報データベース等を構成する前の入力帳票に記載されている個人情報は、「個人データ」に該当しない。
イ. コンピュータ処理による個人情報データベース等から出力された帳票等に印字された個人情報は、「個人データ」に該当する。
ウ. 6か月以内に消去することとなる個人データは、「保有個人データ」に該当しない。
エ. 製造業者、情報サービス事業者等が、防衛に関連する兵器・設備・機器・ソフトウェア等の設計、開発担当者名が記録された個人データを保有している場合、その個人データは「保有個人データ」に該当する。

解説 ▶▶ 個人データ・保有個人データ（法2条4項・5項、改正後2条6項・7項）

「個人データ」とは、個人情報取扱事業者が管理する「個人情報データベース等」を構成する個人情報をいうと定義されている（法2条4項、改正後2条6項）。また、「保有個人データ」とは、個人情報取扱事業者が、開示、内容の訂正、追加又は削除、利用の停止、消去及び第三者への提供の停止を行うことのできる権限を有する個人データであって、その存否が明らかになることにより公益その他の利益が害されるものとして政令で定めるもの又は1年以内の政令で定める期間（6か月）以内に消去することとなるもの以外のものをいうと定義されている（法2条5項、改正後2条7項）。本問は、この個人データ・保有個人データについての理解を問うものである。

ア 正しい。「個人データ」とは、個人情報取扱事業者が管理する「個人情報データベース等」を構成する個人情報をいい、個人情報データベース等を構成する前の入力帳票に記載されている個人情報は、「個人データ」に該当しない。従って、本記述は正しい。

イ 正しい。「個人データ」とは、個人情報取扱事業者が管理する「個人情報データベース等」を構成する個人情報をいい、コンピュータ処理による個人情報データベース等から出力された帳票等に印字された個人情報は、「個人データ」に該当する。従って、本記述は正しい。

ウ 正しい。法2条5項（改正後2条7項）は、1年以内の政令で定める期間以内に消去することとなるものについては、「保有個人データ」に該当しない旨規定している。そして、個人情報の保護に関する法律施行令4条は、その期間を6か月としていることから、6か月以内に消去することとなる個人データは、「保有個人データ」に該当しない。従って、本記述は正しい。

エ 誤り。個人情報の保護に関する法律施行令3条3号は、「保有個人データ」に当たらないものとして、「当該個人データの存否が明らかになることにより、国の安全が害されるおそれ、他国若しくは国際機関との信頼関係が損なわれるおそれ又は他国若しくは国際機関との交渉上不利益を被るおそれがあるもの」を挙げている。このため、製造業者、情報サービス事業者等が、防衛に関連する兵器・設備・機器・ソフトウェア等の設計、開発担当者名が記録された個人データを保有している場合、その個人データは「保有個人データ」に該当しない。従って、本記述は誤っている。

解答 ▶▶ エ

問題23 個人情報の利用目的の特定に関する以下のアからエまでの記述のうち、誤っているものを1つ選びなさい。

ア. 個人情報取扱事業者は、個人情報を取り扱うに当たっては、利用目的をできる限り具体的に特定しなければならないが、個人情報取扱事業者が情報処理サービスを行っている場合であれば、「給与計算処理サービス、あて名印刷サービス、伝票の印刷・発送サービス等の情報処理サービスを業として行うために、委託された個人情報を取り扱います。」のようにすれば利用目的を特定したことになるといえる。

イ. 個人情報取扱事業者は、個人情報を取り扱うに当たっては、利用目的をできる限り具体的に特定しなければならないが、「お客様へ提供するサービスの向上のために用います。」という利用目的は、具体的に利用目的を特定しているといえる。

ウ. 個人情報取扱事業者は、個人情報を取り扱うに当たっては、利用目的をできる限り具体的に特定しなければならないが、「○○事業における商品の発送、関連するアフターサービス、新商品・サービスに関する情報のお知らせのために利用いたします。」という利用目的は、具体的に利用目的を特定しているといえる。

エ. 消費者等、本人の権利利益保護の観点からは、事業活動の特性、規模及び実態に応じ、事業内容を勘案して顧客の種類ごとに利用目的を限定して示したり、本人の選択によって利用目的の限定ができるようにしたりする等、本人にとって利用目的がより明確になるような取組が望ましいとされている。

解説▶▶ 利用目的の特定（法15条）

個人情報保護法15条は、個人情報取扱事業者は、個人情報を取り扱うに当たっては、その利用目的をできる限り特定しなければならない旨、及び利用目的の変更について定めている。本問は、この利用目的の特定についての理解を問うものである。

ア 正しい。　個人情報取扱事業者が情報処理サービスを行っている場合であれば、「給与計算処理サービス、あて名印刷サービス、伝票の印刷・発送サービス等の情報処理サービスを業として行うために、委託された個人情報を取り扱います。」のようにすれば利用目的を特定したことになる。従って、本記述は正しい。

イ 誤　り。　「お客様へ提供するサービスの向上のために用います。」は、具体的に利用目的を特定しているとはいえない。従って、本記述は誤っている。

ウ 正しい。　「○○事業における商品の発送、関連するアフターサービス、新商品・サービスに関する情報のお知らせのために利用いたします。」は、具体的に利用目的を特定しているといえる。
　　　　　　従って、本記述は正しい。

エ 正しい。　消費者等、本人の権利利益保護の観点からは、事業活動の特性、規模及び実態に応じ、事業内容を勘案して顧客の種類ごとに利用目的を限定して示したり、本人の選択によって利用目的の限定ができるようにしたりする等、本人にとって利用目的がより明確になるような取組が望ましいとされている。従って、本記述は正しい。

解答▶▶イ

問題24 個人情報の利用目的による制限に関する以下のアからエまでの記述のうち、誤っているものを1つ選びなさい。

ア. 個人情報取扱事業者は、特定された利用目的の達成に必要な範囲を超えて、個人情報を取り扱う場合は、原則として、あらかじめ本人の同意を得なければならない。

イ. 個人情報取扱事業者が、企業の分社化により他の個人情報取扱事業者から事業の承継をすることに伴って個人情報を取得した場合は、あらかじめ本人の同意を得ないで、承継前における当該個人情報の利用目的達成に必要な範囲を超えて、当該個人情報を取り扱ってはならない。

ウ. 個人情報取扱事業者が、統計法による国勢調査などの基幹統計調査に対する報告を行う場合は、あらかじめ本人の同意を得る必要がある。

エ. 個人情報取扱事業者たる健康保険組合の保険者が実施する健康診断等の保険事業について、受診状況等の情報を、健康増進施策の立案や事業の効果の向上を目的とした統計調査のために、個人名を伏せて研究者に提供する場合は、あらかじめ本人の同意を得る必要はない。

解説▶▶ 利用目的による制限（法16条）

個人情報保護法16条1項は、個人情報取扱事業者は、原則として、あらかじめ本人の同意を得ないで利用目的の達成に必要な範囲を超えて個人情報を取り扱ってはならないと規定している。また、法16条2項は、事業承継の場合における利用目的による制限を、法16条3項は、利用目的による制限についての適用除外について規定している。本問は、この利用目的による制限についての理解を問うものである。

ア 正しい。 個人情報取扱事業者は、原則として、あらかじめ本人の同意を得ないで、特定された利用目的の達成に必要な範囲を超えて、個人情報を取り扱ってはならない（法16条1項）。従って、本記述は正しい。

イ 正しい。 個人情報取扱事業者は、「合併その他の事由により他の個人情報取扱事業者から事業を承継することに伴って個人情報を取得した場合は、あらかじめ本人の同意を得ないで、承継前における当該個人情報の利用目的の達成に必要な範囲を超えて、当該個人情報を取り扱ってはならない」とされている（法16条2項）。合併その他の事由には、分社化、営業譲渡等も含まれる。従って、本記述は正しい。

ウ 誤り。 法令に基づく場合は、利用目的による制限規定の適用を受けない（法16条3項1号）。よって、統計法13条による国勢調査などの基幹統計調査に対する報告を行う場合は、あらかじめ本人の同意を得る必要はない。従って、本記述は誤っている。

エ 正しい。 法16条3項各号は、個人情報取扱事業者が、利用目的の達成に必要な範囲を超えて個人情報を取り扱う場合に、例外的にあらかじめ本人の同意を得なくてもよい場合を定めている。このうち、3号は「公衆衛生の向上又は児童の健全な育成の推進のために特に必要がある場合であって、本人の同意を得ることが困難であるとき」を挙げている。このため、個人情報取扱事業者たる健康保険組合の保険者が実施する健康診断等の保険事業について、受診状況等の情報を、健康増進施策の立案や事業の効果の向上を目的とした統計調査のために、個人名を伏せて研究者に提供する場合は、あらかじめ本人の同意を得る必要はない。従って、本記述は正しい。

解答▶▶ウ

問題25 個人情報の適正な取得に関する以下のアからエまでの記述のうち、正しいものを1つ選びなさい。

ア．個人情報取扱事業者が、第三者提供制限違反がされようとしていることを知り、又は容易に知ることができるにもかかわらず、個人情報を取得したとしても、個人情報保護法上、問題はないとされている。

イ．個人情報取扱事業者は、偽り等その他不正の手段により個人情報を取得してはならず、例えば、虚偽の目的を告げて個人情報を取得することは禁止される。しかし、不正の手段により取得された個人情報であることを容易に知ることができるにもかかわらず、その個人情報を取得することは、不正の手段とはいえないので禁止されていない。

ウ．個人情報取扱事業者は、不正の利益を得る目的で、秘密として管理されている事業上有用な個人情報で公然と知られていないものを、不正に取得したり、不正に使用・開示したとしても、刑事罰が科される可能性はない。

エ．個人情報取扱事業者は、第三者からの提供により、個人情報を取得する場合には、提供元の法の遵守状況を確認し、個人情報を適切に管理している者を提供元として選定することが望ましい。また、実際に個人情報を取得する際には、例えば、取得の経緯を示す契約書等の書面を点検する等により、当該個人情報の取得方法等を確認した上で、当該個人情報が適法に取得されたことが確認できない場合は、その取得を自粛することを含め、慎重に対応することが望ましい。

解説 ▶▶ 適正な取得（法17条）

個人情報保護法17条は、個人情報取扱事業者は、偽りその他不正の手段により個人情報を取得してはならないと定めている。本問は、この適正な取得についての理解を問うものである。

ア 誤り。 法17条は、「個人情報取扱事業者は、偽りその他不正の手段により個人情報を取得してはならない」と規定している。そして、この「不正の手段」による取得には、法23条に規定する第三者提供制限違反がされようとしていることを知り、又は容易に知ることができるにもかかわらず、個人情報を取得する場合も含まれると解されている。よって、第三者提供制限違反の個人データを取得することは、個人情報保護法17条に違反する可能性がある。従って、本記述は誤っている。

イ 誤り。 法17条は、「個人情報取扱事業者は、偽りその他不正の手段により個人情報を取得してはならない」と規定している。例えば、第三者に個人情報を転売するといった利用目的を隠して、統計調査のためというような虚偽の目的を告げて個人情報を取得することは、「不正の手段」による取得といえる。そして、この「不正の手段」による取得には、不正の手段で個人情報が取得されたことを知り、又は容易に知ることができるにもかかわらず、当該個人情報を取得する場合も含まれると解されている。従って、本記述は誤っている。

ウ 誤り。 不正の利益を得る目的で、又はその保有者に損害を加える目的で、秘密として管理されている事業上有用な個人情報で公然と知られていないものを、不正に取得したり、不正に使用・開示した場合には、不正競争防止法21条、22条により刑事罰が科される可能性がある。従って、本記述は誤っている。

エ 正しい。 個人情報取扱事業者が、第三者からの提供により、個人情報を取得する場合には、提供元の法の遵守状況（例えば、オプトアウト、利用目的、開示手続、問合わせ・苦情の受付窓口を公表していることなど）を確認し、個人情報を適切に管理している者を提供元として選定するとともに、実際に個人情報を取得する際には、例えば、取得の経緯を示す契約書等の書面を点検する等により、当該個人情報の取得方法等を確認した上で、当該個人情報が適法に取得されたことが確認できない場合は、偽りその他不正の手段により取得されたものである可能性もあることから、その取得を自粛することを含め、慎重に対応することが望ましいとされる。従って、本記述は正しい。

解答 ▶▶ エ

問題26 個人情報の利用目的の通知・公表に関する以下のアからエまでの記述のうち、誤っているものを1つ選びなさい。

ア. 個人情報取扱事業者は、インターネット上で本人が自発的に公にしている個人情報を取得する場合であっても、あらかじめその利用目的を公表している場合を除き、速やかに、その利用目的を、本人に通知し、又は公表しなければならない。

イ. 個人情報取扱事業者は、個人情報を取得した場合は、あらかじめその利用目的を公表している場合を除き、速やかに、その利用目的を、本人に通知し、又は公表しなければならないが、ここでいう「公表」とは、広く一般に自己の意思を知らせること（国民一般その他不特定多数の人々が知ることができるように発表すること）をいい、例えば、店舗の見やすい場所への掲示や、通信販売用のパンフレット等への記載はこれに当たる。

ウ. 個人情報取扱事業者が、口頭により個人情報を取得する場合には、あらかじめ本人に対してその利用目的を明示すること（その利用目的を明確に示すこと）は必要なく、あらかじめその利用目的を公表したり、速やかに本人に通知・公表したりする必要もない。

エ. 個人情報取扱事業者は、利用目的を変更した場合は、変更された利用目的について、本人に通知し、又は公表しなければならない。

解説 ▶▶ 取得に際しての利用目的の通知・公表（法18条）

個人情報保護法18条1項は、個人情報取扱事業者は、個人情報を取得した場合は、あらかじめその利用目的を公表している場合を除き、速やかに、その利用目的を、本人に通知し、又は公表しなければならないと定めている。また、法18条2項は、直接書面等により取得する場合は、あらかじめ、本人に対し、その利用目的を明示しなければならないと定め、法18条3項は、利用目的を変更した場合は、変更された利用目的について、本人に通知し、又は公表しなければならないと定めている。本問は、この取得に際しての利用目的の通知・公表についての理解を問うものである。

ア 正しい。 個人情報取扱事業者は、インターネット上で本人が自発的に公にしている個人情報を取得する場合であっても、あらかじめその利用目的を公表している場合を除き、速やかに、その利用目的を、本人に通知し、又は公表しなければならない（法18条1項）。従って、本記述は正しい。

イ 正しい。 個人情報取扱事業者は、個人情報を取得した場合は、あらかじめその利用目的を公表している場合を除き、速やかに、その利用目的を、本人に通知し、又は公表しなければならない（法18条1項）。ここでいう「公表」とは、広く一般に自己の意思を知らせること（国民一般その他不特定多数の人々が知ることができるように発表すること）をいい、例えば、店舗販売においては、店舗の見やすい場所に掲示することや、通信販売においては、通信販売用のパンフレット等に記載することは、これに当たる。従って、本記述は正しい。

ウ 誤り。 法18条1項においては、個人情報取扱事業者が個人情報を取得した場合は、あらかじめその利用目的を公表している場合を除き、速やかに、その利用目的を、本人に通知し、又は公表しなければならないとされているのに対して、法18条2項においては、本人から直接書面（契約書など）に記載された当該本人の個人情報を取得する場合は、あらかじめ、本人に対し、その利用目的を明示しなければならないとされている（法18条2項）。法18条1項の場合と比較して、個人情報取扱事業者の義務が強化されているといえる。本記述の場合、口頭による個人情報の取得が問題となっており、法18条2項は適用されないので、利用目的の「明示」の必要はなくなる。もっとも、口頭による個人情報の取得の場合であっても、法18条1項の適用はあり、あらかじめその利用目的を公表するか、速やかに、その利用目的を、本人に通知し、又は公表しなければならない。従って、本記述は誤っている。

エ 正しい。 個人情報取扱事業者は、利用目的を変更した場合は、変更された利用目的について、本人に通知し、又は公表しなければならない（法18条3項）。従って、本記述は正しい。

解答 ▶▶ ウ

問題27 以下のアからエまでの記述のうち、個人情報を本人から直接書面により取得する場合に関する【問題文A】から【問題文C】までの内容として正しいものを1つ選びなさい。

【問題文A】 Aは、個人情報取扱事業者であるレンタルショップで会員登録をしようと思い、その従業員から渡された会員規約(個人情報の利用目的は明記されていない)に目を通した上で登録用紙に記入し、これを従業員に渡し、会員証を受け取った。個人情報の利用目的を明示していないため、レンタルショップの対応は、個人情報保護法に違反する。

【問題文B】 Bは、書店に行ったところ、購入しようと思っていた本がなかったので、取り寄せてもらうことにした。個人情報取扱事業者である書店の店員から「入荷次第ご連絡いたします」と言われ、伝票の記入を求められたので、Bは、自己の氏名と電話番号を記入して店員に手渡した。個人情報の利用目的を明示していないため、書店の対応は、個人情報保護法に違反する。

【問題文C】 Cは、個人情報取扱事業者であるNPO法人の代表者と、名刺の交換をした。名刺交換の状況から、名刺に記載された個人情報の利用目的が今後の連絡のためであることが明らかであった。個人情報の利用目的を明示していないため、NPO法人の代表者の対応は、個人情報保護法に違反する。

ア. Aのみ正しい。
イ. Bのみ正しい。
ウ. Cのみ正しい。
エ. すべて誤っている。

解説 ▶▶ 直接書面等による取得・適用除外（法18条2項・4項）

個人情報保護法は、18条2項で、本人との間で契約を締結することに伴って契約書その他の書面（電子的方式、磁気的方式その他人の知覚によっては認識することができない方式で作られる記録を含む）に記載された当該本人の個人情報を取得する場合その他本人から直接書面に記載された当該本人の個人情報を取得する場合は、あらかじめ、本人に対し、その利用目的を明示しなければならないと定めている。そして、法18条4項は、この規定の適用が除外される場合を定めている。本問は、この個人情報の取得に際しての利用目的の明示についての理解を問うものである。

A 正しい。 個人情報取扱事業者は、書面等により直接本人から個人情報を取得する場合には、あらかじめ本人に対し、その利用目的を明示しなければならない（法18条2項）。本記述の場合、従業員から渡された会員規約内に個人情報の利用目的が明記されていない。よって、レンタルショップの対応は、法18条2項に違反する。従って、本記述は正しい。

B 誤り。 個人情報取扱事業者は、書面等により直接本人から個人情報を取得する場合には、あらかじめ本人に対し、その利用目的を明示しなければならない（法18条2項）。そして、この規定の適用が除外される場合が定められている（法18条4項）。本件においては、店員から「入荷次第ご連絡いたします」と言われており、入荷連絡のためという利用目的が明らかであるといえることから、「取得の状況からみて利用目的が明らかであると認められる場合」（法18条4項4号）に当たり、法18条2項は適用されない。よって、書店の対応は、個人情報保護法に違反しない。従って、本記述は誤っている。

C 誤り。 一般の慣行として名刺を交換し、名刺に記載された個人情報（氏名・所属・肩書・連絡先等）の利用目的が今後の連絡のためという場合には、取得の状況からみて利用目的が明らかであると認められることから、あらかじめ、本人に対し、その個人情報の利用目的を明示しなくてもよい（法18条4項4号）。よって、NPO法人の代表者の対応は、個人情報保護法に違反しない。従って、本記述は誤っている。

以上により、問題文BCは誤っているが、Aは正しい。従って、正解は肢アとなる。

解答 ▶▶ ア

問題 28
データ内容の正確性の確保に関する以下のアからエまでの記述のうち、誤っているものを１つ選びなさい。

- **ア．** 個人情報取扱事業者は、「個人データ」のみならず、広く「個人情報」すべてについて、正確性の確保に努めなければならないとされている。
- **イ．** 個人情報取扱事業者は、一律に又は常に最新化する必要はなく、それぞれの利用目的に応じて、その必要な範囲内で正確性・最新性を確保すれば足りる。
- **ウ．** 個人情報取扱事業者が、正確性の確保に努めなければならないものは、「事実」に限られ、企業における人事評定の内容自体のような「評価」は含まれない。
- **エ．** 個人情報取扱事業者が、正確性を確保するための手段としては、入力時の照合・確認の手続の整備が挙げられる。

解説 ▶▶ 正確性の確保（法19条）

個人情報保護法19条は、個人情報取扱事業者は、利用目的の達成に必要な範囲内において、個人データを正確かつ最新の内容に保つよう努めなければならないと定めている。本問は、この正確性の確保についての理解を問うものである。

ア 誤り。 法19条は、個人情報取扱事業者は、利用目的の達成に必要な範囲内において、「個人データ」を正確かつ最新の内容に保つよう努めなければならないとしている。すなわち、個人情報保護法が、正確かつ最新の内容に保つよう努めなければならないと規定しているものは、「個人情報」ではなく、「個人データ」に限定されている。従って、本記述は誤っている。

イ 正しい。 個人情報取扱事業者は、保有する個人データを一律に又は常に最新化する必要はなく、それぞれの利用目的に応じて、その必要な範囲内で正確性・最新性を確保すれば足りるとされている。従って、本記述は正しい。

ウ 正しい。 個人情報取扱事業者が、個人データの内容の正確性の確保に努めなければならないものは「事実」に限られると解されており、企業における人事評定の内容自体のような「評価」は含まれない。従って、本記述は正しい。

エ 正しい。 個人情報取扱事業者が、個人データの内容の正確性を確保するための手段の１つとして、入力時の照合・確認の手続の整備が挙げられる。従って、本記述は正しい。

解答 ▶▶ ア

個人データの正確性の確保に関する【問題文A】から【問題文C】までの内容についての以下のアからエまでの記述のうち、正しいものを1つ選びなさい。

【問題文A】個人情報取扱事業者は、利用目的の達成に必要な範囲内において、個人データを正確かつ最新の内容に保つよう努めなければならない。

【問題文B】個人情報取扱事業者は、利用目的の達成に必要な範囲内において、個人情報データベース等への個人情報の入力時の照合・確認の手続の整備を行うことにより、個人データを正確かつ最新の内容に保つよう努めなければならない。

【問題文C】個人情報取扱事業者は、利用目的の達成に必要な範囲内において、個人情報データベース等への個人情報の記録事項の更新を行うことにより、個人データを正確かつ最新の内容に保つよう努めなければならない。

ア．Aのみ誤っている。
イ．Bのみ誤っている。
ウ．Cのみ誤っている。
エ．すべて正しい。

解説 ▶▶ 正確性の確保（法19条）

個人情報保護法19条は、個人情報取扱事業者は、利用目的の達成に必要な範囲内において、個人データを正確かつ最新の内容に保つよう努めなければならないと定めている。本問は、この正確性の確保についての理解を問うものである。

A 正しい。 個人情報取扱事業者は、利用目的の達成に必要な範囲内において、個人データを正確かつ最新の内容に保つよう努めなければならない。従って、本記述は正しい。

B 正しい。 個人情報取扱事業者は、利用目的の達成に必要な範囲内において、個人情報データベース等への個人情報の入力時の照合・確認の手続の整備を行うことにより、個人データを正確かつ最新の内容に保つよう努めなければならない。従って、本記述は正しい。

C 正しい。 個人情報取扱事業者は、利用目的の達成に必要な範囲内において、個人情報データベース等への個人情報の記録事項の更新を行うことにより、個人データを正確かつ最新の内容に保つよう努めなければならない。従って、本記述は正しい。

以上により、問題文ABCはすべて正しい。従って、正解は肢エとなる。

解答 ▶▶ エ

問題30

安全管理措置に関する以下のアからエまでの記述のうち、誤っているものを1つ選びなさい。

ア. 個人情報取扱事業者は、その取り扱う個人データの漏えい、滅失又はき損の防止その他の個人データの安全管理のため、組織的、人的、物理的及び技術的な安全管理措置を講じなければならない。

イ. 個人情報取扱事業者は、組織変更が行われ、個人データにアクセスする必要がなくなった従業者が個人データにアクセスできる状態を放置していた場合で、その従業者が個人データを漏えいした場合、必要かつ適切な安全管理措置を講じているとはいえない。

ウ. 個人情報取扱事業者が、内容物に個人情報が含まれない荷物等の宅配又は郵送を委託したところ、誤配によって宛名に記載された個人データが第三者に開示された場合、必要かつ適切な安全管理措置を講じているとはいえない。

エ. 個人情報取扱事業者が、委託する業務内容に対して必要のない個人データを提供し、委託先が個人データを漏えいした場合、必要かつ適切な安全管理措置を講じているとはいえない。

解説 ▶▶ 安全管理措置（法20条）

個人情報保護法20条は、個人情報取扱事業者は、その取り扱う個人データの漏えい、滅失又はき損の防止その他の個人データの安全管理のために必要かつ適切な措置を講じなければならないと定めている。本問は、この安全管理措置についての理解を問うものである。

ア 正しい。 個人情報取扱事業者は、その取り扱う個人データの漏えい、滅失又はき損の防止その他の個人データの安全管理のために必要かつ適切な措置を講じなければならない（法20条）。個人データの安全管理のために必要かつ適切な措置として、組織的、人的、物理的及び技術的な安全管理措置を講じなければならないとされている。従って、本記述は正しい。

イ 正しい。 組織変更が行われ、個人データにアクセスする必要がなくなった従業者が個人データにアクセスできる状態を個人情報取扱事業者が放置していた場合で、その従業者が個人データを漏えいした場合、必要かつ適切な安全管理措置を講じているとはいえない。従って、本記述は正しい。

ウ 誤り。 個人情報取扱事業者が、内容物に個人情報が含まれない荷物等の宅配又は郵送を委託したところ、誤配によって宛名に記載された個人データが第三者に開示された場合、必要かつ適切な安全管理措置を講じているといえる（安全管理措置の義務違反とはならない）。従って、本記述は誤っている。

エ 正しい。 委託する業務内容に対して必要のない個人データを提供し、委託先が個人データを漏えいした場合、必要かつ適切な安全管理措置を講じているとはいえない。従って、本記述は正しい。

解答 ▶▶ ウ

問題 31 個人情報取扱事業者の従業者の監督に関する以下のアからエまでの記述のうち、誤っているものを1つ選びなさい。

ア．株式会社の取締役は、個人情報取扱事業者が監督義務を負う「従業者」に当たらない。
イ．アルバイト社員は、個人情報取扱事業者が監督義務を負う「従業者」に当たる。
ウ．個人情報取扱事業者は、従業者が、個人データの安全管理措置を定める規程等に従って業務を行っていることを、あらかじめ定めた間隔で定期的に確認せず、結果、個人データが漏えいした場合、従業者に対して必要かつ適切な監督を行っていたとはいえない。
エ．個人情報取扱事業者は、内部規程等に違反して個人データが入ったノート型パソコンを繰り返し持ち出されていたにもかかわらず、その行為を放置した結果、紛失し、個人データが漏えいした場合、従業者に対して必要かつ適切な監督を行っていたとはいえない。

解説 ▶▶ 従業者の監督（法21条）

個人情報保護法21条は、個人情報取扱事業者は、その従業者に個人データを取り扱わせるに当たっては、当該個人データの安全管理が図られるよう、当該従業者に対する必要かつ適切な監督を行わなければならないと定めている。本問は、この従業者の監督についての理解を問うものである。

ア 誤り。 「従業者」とは、個人情報取扱事業者の組織内にあって直接間接に事業者の指揮監督を受けて事業者の業務に従事している者をいい、株式会社の取締役も従業者に含まれる。従って、本記述は誤っている。
イ 正しい。 「従業者」とは、個人情報取扱事業者の組織内にあって直接間接に事業者の指揮監督を受けて事業者の業務に従事している者をいい、アルバイト社員は従業者に含まれる。従って、本記述は正しい。
ウ 正しい。 個人情報取扱事業者は、従業者が、個人データの安全管理措置を定める規程等に従って業務を行っていることを、あらかじめ定めた間隔で定期的に確認せず、結果、個人データが漏えいした場合、従業者に対して必要かつ適切な監督を行っていたとはいえない。従って、本記述は正しい。
エ 正しい。 個人情報取扱事業者は、内部規程等に違反して個人データが入ったノート型パソコンを繰り返し持ち出されていたにもかかわらず、その行為を放置した結果、紛失し、個人データが漏えいした場合、従業者に対して必要かつ適切な監督を行っていたとはいえない。従って、本記述は正しい。

解答 ▶▶ ア

問題32
個人情報取扱事業者の委託先の監督に関する以下のアからエまでの記述のうち、誤っているものを1つ選びなさい。

- **ア.** 個人情報取扱事業者が、個人データの取扱いを委託する場合、委託する業務内容に対して必要のない個人データを提供しないようにしなければならない。
- **イ.** 個人情報取扱事業者が委託先に対して行う「必要かつ適切な監督」には、委託した個人データの委託先における取扱状況の把握は含まれない。
- **ウ.** 個人情報取扱事業者が委託先に対して行う「必要かつ適切な監督」には、委託先を適切に選定することが含まれる。
- **エ.** 個人情報取扱事業者が委託先の監督を行う場合、漏えいした場合に二次被害が発生する可能性が高い個人データの取扱いを委託する場合は、より高い水準において「必要かつ適切な監督」を行うことが望ましい。

解説 ▶▶ 委託先の監督（法22条）

個人情報保護法22条は、個人情報取扱事業者は、個人データの取扱いの全部又は一部を委託する場合は、その取扱いを委託された個人データの安全管理が図られるよう、委託を受けた者に対する必要かつ適切な監督を行わなければならないと定めている。本問は、この委託先の監督についての理解を問うものである。

- **ア 正しい。** 個人情報取扱事業者が、個人データの取扱いを委託する場合、委託する業務内容に対して必要のない個人データを提供しないようにしなければならない。従って、本記述は正しい。
- **イ 誤り。** 個人情報取扱事業者が委託先に対して行う「必要かつ適切な監督」には、委託した個人データの委託先における取扱状況の把握が含まれる。従って、本記述は誤っている。
- **ウ 正しい。** 個人情報取扱事業者が委託先に対して行う「必要かつ適切な監督」には、委託先を適切に選定することが含まれる。従って、本記述は正しい。
- **エ 正しい。** 個人情報取扱事業者が委託先の監督を行う場合、漏えいした場合に二次被害が発生する可能性が高い個人データ（例えば、クレジットカード情報（カード番号、有効期限等）を含む個人データ等）の取扱いを委託する場合は、より高い水準において「必要かつ適切な監督」を行うことが望ましいとされている。従って、本記述は正しい。

解答 ▶▶ イ

問題33 個人情報取扱事業者の委託先の監督に関する以下のアからエまでの記述のうち、誤っているものを1つ選びなさい。

ア. 個人情報取扱事業者が、個人データの取扱いを委託する場合に契約に盛り込むことが望まれる事6項には、委託契約終了後の個人データの返還・消去・廃棄に関する事項は含まれない。

イ. 委託契約には、当該個人データの取扱いに関する、必要かつ適切な安全管理措置として、委託元、委託先双方が同意した内容とともに、委託先における委託された個人データの取扱状況を合理的に把握することを盛り込むことが望ましい。

ウ. 個人情報取扱事業者が、個人データの取扱いに関して定めた安全管理措置の内容を委託先に指示せず、その結果、委託先が個人データを漏えいした場合は、委託を受けた者に対して必要かつ適切な監督を行っていたとはいえない。

エ. 個人データの委託元が委託先について「必要かつ適切な監督」を行っていない場合で、委託先が再委託をした際に、再委託先が適切といえない取扱いを行ったことにより問題が生じたときは、元の委託元がその責めを負うことがあり得る。

解説 ▶▶ 委託先の監督（法22条）

個人情報保護法22条は、個人情報取扱事業者は、個人データの取扱いの全部又は一部を委託する場合は、その取扱いを委託された個人データの安全管理が図られるよう、委託を受けた者に対する必要かつ適切な監督を行わなければならないと定めている。本問は、この委託先の監督についての理解を問うものである。

ア 誤り。 個人情報取扱事業者が、個人データの取扱いを委託する場合に契約に盛り込むことが望まれる事項には、「個人データの安全管理に関する事項」があり、その具体例の一つとして、「委託契約終了後の個人データの返還・消去・廃棄に関する事項」が挙げられる。従って、本記述は誤っている。

イ 正しい。 委託契約には、当該個人データの取扱いに関する、必要かつ適切な安全管理措置として、委託元、委託先双方が同意した内容とともに、委託先における委託された個人データの取扱状況を合理的に把握することを盛り込むことが望ましいとされている。従って、本記述は正しい。

ウ 正しい。 個人情報取扱事業者が、個人データの取扱いに関して定めた安全管理措置の内容を委託先に指示せず、その結果、委託先が個人データを漏えいした場合は、委託を受けた者に対して必要かつ適切な監督を行っていたとはいえない。従って、本記述は正しい。

エ 正しい。 委託元が委託先について「必要かつ適切な監督」を行っていない場合で、委託先が再委託をした際に、再委託先が適切といえない取扱いを行ったことにより、何らかの問題が生じたときは、元の委託元がその責めを負うことがあり得るので、再委託する場合は注意を要するとされている。従って、本記述は正しい。

解答 ▶▶ ア

問題 34

以下のアからエまでの記述のうち、個人データの第三者提供の制限に関する【問題文A】から【問題文C】の内容として正しいものを1つ選びなさい。

【問題文A】 個人情報取扱事業者が、外国の会社に国内に居住している個人の個人データを提供する場合、提供の相手方は、個人データの第三者提供における「第三者」に当たらない。

【問題文B】 個人情報取扱事業者であるフランチャイズ組織の加盟店が、本部に顧客の個人データを提供する場合、提供の相手方は、個人データの第三者提供における「第三者」に当たらない。

【問題文C】 個人情報取扱事業者が、同一事業者内で他部門へ個人データを提供する場合、提供の相手方は、個人データの第三者提供における「第三者」に当たらない。

ア．Aのみ正しい。
イ．Bのみ正しい。
ウ．Cのみ正しい。
エ．すべて誤っている。

解説 ▶▶ 個人データの第三者提供の制限（法23条1項）

個人情報保護法23条1項は、個人情報取扱事業者は、原則として、あらかじめ本人の同意を得ないで、個人データを第三者に提供してはならないと規定している。本問は、この個人データの第三者提供の制限についての理解を問うものである。

A 誤り。 個人情報取扱事業者が、外国の会社に国内に居住している個人の個人データを提供する場合、提供の相手方は、個人データの第三者提供における「第三者」に当たる。従って、本記述は誤っている。

B 誤り。 個人情報取扱事業者であるフランチャイズ組織の加盟店が、本部に顧客の個人データを提供する場合、提供の相手方は、個人データの第三者提供における「第三者」に当たる。従って、本記述は誤っている。

C 正しい。 個人情報取扱事業者が、同一事業者内で他部門へ個人データを提供する場合、提供の相手方は、個人データの第三者提供における「第三者」に当たらない。従って、本記述は正しい。

以上により、問題文ABは誤っているが、Cは正しい。従って、正解は肢ウとなる。

解答 ▶▶ ウ

個人データの第三者への提供に当たり、あらかじめ、法の要求する事項すべてを本人に通知し、又は本人が容易に知り得る状態に置いておくとともに、本人の求めに応じて第三者への提供を停止することを「第三者提供におけるオプトアウト」という。この「第三者提供におけるオプトアウト」に関する以下のアからエまでの記述のうち、誤っているものを1つ選びなさい。

ア．個人情報取扱事業者が、「第三者提供におけるオプトアウト」の方法によって個人データを第三者へ提供する場合でも、提供の方法としてインターネットによる公開の方法は許されていない。

イ．「第三者提供におけるオプトアウト」の対象となる個人データは、未だ公開されていないものに限られない。

ウ．個人情報取扱事業者は、個人情報の利用目的に、個人情報の第三者提供に関する事項が含まれていない場合、「第三者提供におけるオプトアウト」を行うことはできない。

エ．個人情報取扱事業者が、「第三者提供におけるオプトアウト」の方法によって個人データを第三者へ提供する場合、例えば、名簿等の入手元を明らかにしないことを条件に販売するなどのように、提供元の個人情報取扱事業者は、提供先に対して、その個人データの入手元を開示することを妨げるようなことは避けることが望ましい。

解説 ▶▶ 個人データの第三者への提供（オプトアウト）（法23条2項）

個人情報保護法23条2項は、個人情報取扱事業者は、第三者提供におけるオプトアウトを行っている場合には、本人の同意なく、個人データを第三者に提供することができると定めている。「第三者提供におけるオプトアウト」とは、個人データの第三者への提供に当たり、あらかじめ、法23条2項各号に挙げられた事項すべてを本人に通知し、又は本人が容易に知り得る状態に置いておくとともに、本人の求めに応じて第三者への提供を停止することをいう。本問は、この第三者提供におけるオプトアウトについての理解を問うものである。

ア 誤り。「第三者提供におけるオプトアウト」の方法によって個人データを第三者に提供する場合の「提供」とは、個人データを利用可能な状態に置くことをいう。インターネットに掲載して公開することもこの「提供」に当たるため、オプトアウトの方法により行うことができる。従って、本記述は誤っている。

イ 正しい。法23条2項は、「第三者提供によるオプトアウト」の対象となる個人データを、非公開情報に限っていない。これは、すでに公に知られた情報でも、他の情報と結びつくことにより本人の権利利益の侵害をもたらすおそれがあるからである。従って、本記述は正しい。

ウ 正しい。個人情報の利用目的に、個人情報の第三者提供に関する事項が含まれていない場合、第三者提供を行うと目的外利用となるため、「第三者提供におけるオプトアウト」を行うことはできない（法23条2項1号）。従って、本記述は正しい。

エ 正しい。「第三者提供におけるオプトアウト」の方法によって個人データを第三者に提供する場合、例えば、名簿等の入手元を明らかにしないことを条件に販売するなどのように、提供元の個人情報取扱事業者は、提供先に対して、その個人データの入手元を開示することを妨げるようなことは避けることが望ましい。従って、本記述は正しい。

解答 ▶▶ ア

問題 36 以下のアからエまでの記述のうち、個人データの第三者への提供に関する【問題文A】から【問題文C】の内容として正しいものを1つ選びなさい。

【問題文A】個人情報取扱事業者が、データの打ち込み等、情報処理を委託するために個人データを渡す場合、提供の相手方は個人データの第三者提供における「第三者」に当たらない。

【問題文B】個人情報取扱事業者である百貨店が、注文を受けた商品の配送のために、宅配業者に個人データを渡す場合、その宅配業者は個人データの第三者提供における「第三者」に当たらない。

【問題文C】個人情報取扱事業者が、営業譲渡により、譲渡先企業に個人データを渡す場合、その譲渡先企業は個人データの第三者提供における「第三者」に当たる。

ア．Aのみ誤っている。
イ．Bのみ誤っている。
ウ．Cのみ誤っている。
エ．すべて正しい。

解説 ▶▶ **個人データの第三者への提供の制限（法23条4項、改正後5項）**

個人情報保護法は、法23条1項で、個人データの第三者提供を制限しているが、法23条4項（改正後5項）は、個人データの第三者提供における「第三者」に当たらない場合を定めている。本問は、この第三者提供における「第三者」に当たらない場合についての理解を問うものである。

A 正しい。 個人情報取扱事業者が利用目的の達成に必要な範囲内において個人データの取扱いの全部又は一部を委託する場合、当該個人データの提供を受ける者は、個人データの第三者提供における「第三者」に当たらない（法23条4項1号、改正後5項1号）。よって、データの打ち込み等、情報処理を委託するために個人データを渡す場合、提供の相手方は個人データの第三者提供における「第三者」に当たらない。従って、本記述は正しい。

B 正しい。 個人情報取扱事業者が利用目的の達成に必要な範囲内において個人データの取扱いの全部又は一部を委託する場合、当該個人データの提供を受ける者は、個人データの第三者提供における「第三者」に当たらない（法23条4項1号、改正後5項1号）。よって、百貨店が注文を受けた商品の配送のために、宅配業者に個人データを渡す場合、その宅配業者は個人データの第三者提供における「第三者」に当たらない。従って、本記述は正しい。

C 誤 り。 合併その他の事由による事業の承継に伴って個人データが提供される場合、当該個人データの提供を受ける者は、個人データの第三者提供における「第三者」に当たらない（法23条4項2号、改正後5項2号）。よって、営業譲渡により、譲渡先企業に個人データを渡す場合、その譲渡先企業は個人データの第三者提供における「第三者」に当たらない。従って、本記述は誤っている。

以上により、問題文ABは正しいが、Cは誤っている。従って、正解は肢ウとなる。

解答 ▶▶ **ウ**

問題37 保有個人データの開示に関する以下のアからエまでの記述のうち、誤っているものを1つ選びなさい。

ア．個人情報取扱事業者は、本人から、当該本人が識別される保有個人データの開示を求められたときは、本人に対し、原則として、書面の交付による方法により、遅滞なく、当該保有個人データを開示しなければならない。

イ．個人情報取扱事業者は、本人から、当該本人が識別される保有個人データの開示を求められた場合に、当該本人が識別される保有個人データが存在しないときは、本人に対し、遅滞なくその旨を知らせる必要はない。

ウ．個人情報取扱事業者たる試験実施機関において、本人から、当該本人が識別される保有個人データの開示を求められた場合であっても、採点情報のすべてを開示することにより、試験制度の維持に著しい支障を及ぼすおそれがあるときは、その全部又は一部を開示しないことができる。

エ．個人情報取扱事業者たる医療機関において、本人から、当該本人が識別される保有個人データの開示を求められた場合であっても、病名等を開示することにより、本人の心身状況を悪化させるおそれがあるときは、その全部又は一部を開示しないことができる。

解説 ▶▶ 保有個人データの開示（法25条、改正後28条）

個人情報保護法25条1項（改正後28条1項・2項）は、個人情報取扱事業者は、本人から、当該本人が識別される保有個人データの開示（当該本人が識別される保有個人データが存在しないときにその旨を知らせることを含む。）を求められたときは、本人に対し、政令で定める方法により、遅滞なく、当該保有個人データを開示しなければならない旨を定めている。本問は、この保有個人データの開示についての理解を問うものである。

ア 正しい。 個人情報取扱事業者は、本人から、当該本人が識別される保有個人データの開示（当該本人が識別される保有個人データが存在しないときにその旨を知らせることを含む。）を求められたときは、本人に対し、書面の交付による方法（開示の求めを行った者が同意した方法があるときは、当該方法）により、遅滞なく、当該保有個人データを開示しなければならないとされている（法25条1項、改正後28条1項・2項、個人情報の保護に関する法律施行令6条）。従って、本記述は正しい。

イ 誤り。 当該本人が識別される保有個人データの開示には、求めを行った当該本人が識別される保有個人データが存在しないときにその旨を知らせることも含む（法25条1項かっこ書、改正後28条3項）。このため、個人情報取扱事業者は、本人から、当該本人が識別される保有個人データの開示を求められた場合に、当該本人が識別される保有個人データが存在しないときは、本人に対し、原則として、書面の交付による方法により、遅滞なくその旨を知らせなければならない。従って、本記述は誤っている。

ウ 正しい。 個人情報取扱事業者は、本人から、当該本人が識別される保有個人データの開示を求められた場合であっても、「当該個人情報取扱事業者の業務の適正な実施に著しい支障を及ぼすおそれがある場合」には、例外的にその全部又は一部を開示しないことができる（法25条1項2号、改正後28条2項2号）。試験実施機関において、採点情報のすべてを開示することにより、試験制度の維持に著しい支障を及ぼすおそれがある場合はこれに当たる。このため、その全部又は一部を開示しないことができる。従って、本記述は正しい。

エ 正しい。 個人情報取扱事業者は、本人から、当該本人が識別される保有個人データの開示を求められた場合であっても、「本人又は第三者の生命、身体、財産その他の権利利益を害するおそれがある場合」には、例外的にその全部又は一部を開示しないことができる（法25条1項1号、改正後28条2項1号）。医療機関において、病名等を開示することにより、本人の心身状況を悪化させるおそれがある場合はこれに当たる。このため、その全部又は一部を開示しないことができる。従って、本記述は正しい。

解答 ▶▶ イ

問題 38 保有個人データの訂正等に関する以下のアからエまでの記述のうち、正しいものを1つ選びなさい。

ア．個人情報取扱事業者は、本人から、当該本人が識別される保有個人データの内容が事実でないという理由によって、当該保有個人データの内容の訂正を求められた場合、利用目的から見て訂正が必要でないときは、訂正を行う必要はなく、この場合には、訂正を行わない旨を本人に通知する必要もない。

イ．個人情報取扱事業者は、本人から、当該本人が識別される保有個人データの内容が事実でないという理由によって、当該保有個人データの内容の訂正を求められた場合、調査の結果、誤りである旨の指摘が正しくないときは、訂正を行う必要はなく、この場合には、訂正を行わない旨を本人に通知する必要もない。

ウ．個人情報取扱事業者は、本人から、当該本人が識別される保有個人データの内容が事実でないという理由によって、当該保有個人データの内容の「追加」を求められた場合、個人情報保護法の規定においては「削除」は認められても、「追加」は認められていないことから、追加を行う必要はなく、この場合には、追加を行わない旨を本人に通知する必要もない。

エ．個人情報取扱事業者は、個人情報保護法の規定に基づき、本人から求められた保有個人データの内容の訂正を行ったときは、本人に対し、遅滞なく、その旨（訂正の内容を含む。）を通知しなければならない。

解説 ▶▶ 保有個人データの訂正等（法26条、改正後29条）

個人情報保護法26条1項（改正後29条1項・2項）は、個人情報取扱事業者は、本人から、当該本人が識別される保有個人データの内容が事実でないという理由によって当該保有個人データの内容の訂正等（訂正・追加・削除）を求められた場合には、原則として、利用目的の達成に必要な範囲内において、遅滞なく必要な調査を行い、その結果に基づき、当該保有個人データの内容の訂正等を行わなければならないと規定している。本問は、この保有個人データの訂正等についての理解を問うものである。

ア 誤り。 個人情報取扱事業者は、本人から、当該本人が識別される保有個人データの内容が事実でないという理由によって、当該保有個人データの内容の訂正等を求められた場合、利用目的から見て訂正等が必要でないときは、訂正等を行う必要はない。ただし、この場合には、遅滞なく、訂正等を行わない旨を本人に通知しなければならない（法26条2項、改正後29条3項）。従って、本記述は誤っている。

イ 誤り。 個人情報取扱事業者は、本人から、当該本人が識別される保有個人データの内容が事実でないという理由によって、当該保有個人データの内容の訂正等を求められた場合、調査の結果、誤りである旨の指摘が正しくないときは、訂正等を行う必要はない。ただし、この場合には、遅滞なく、訂正等を行わない旨を本人に通知しなければならない（法26条2項、改正後29条3項）。従って、本記述は誤っている。

ウ 誤り。 個人情報保護法26条1項（改正後29条1項・2項）は、保有個人データの内容の「訂正」の他に「追加」や「削除」を認めている。なお、条文上は、訂正、追加、削除を、「訂正等」と規定している。従って、本記述は誤っている。

エ 正しい。 個人情報取扱事業者は、法26条1項（改正後29条2項）の規定に基づき求められた保有個人データの内容の全部若しくは一部について訂正等を行ったとき、又は訂正等を行わない旨の決定をしたときは、本人に対し、遅滞なく、その旨（訂正等を行ったときは、その「内容」を含む。）を通知しなければならないとされている（法26条2項、改正後29条3項）。従って、本記述は正しい。

解答 ▶▶ エ

問題39
認定個人情報保護団体に関する以下のアからエまでの記述のうち、誤っているものを1つ選びなさい。

ア．認定個人情報保護団体は、その認定を受けた旨を公表されることはない。
イ．認定個人情報保護団体は、認定業務の実施に際して知り得た情報を認定業務の用に供する目的以外に利用してはならない。
ウ．認定個人情報保護団体は、対象事業者の氏名又は名称を公表しなければならない。
エ．認定個人情報保護団体は、主務大臣から報告を求められることがあり、これに対して虚偽の報告をした場合には刑罰を科されることがある。

解説▶▶ 認定個人情報保護団体（法37条～49条、改正後47条～58条）

個人情報保護法は、法37条から49条（改正後47条から58条）で、認定個人情報保護団体（個人情報取扱事業者の個人情報の適正な取扱いの確保を目的として法の定める業務を行う団体で、主務大臣の認定を受けたもの）について定めている。本問は、この認定個人情報保護団体についての理解を問うものである。

ア 誤り。　主務大臣は認定個人情報保護団体の認定を行った場合、これを公示しなければならないとされている（法37条3項、改正後47条3項）。従って、本記述は誤っている。

イ 正しい。　認定個人情報保護団体は、認定業務の実施に際して知り得た情報を認定業務の用に供する目的以外に利用してはならない（法44条、改正後54条）。従って、本記述は正しい。

ウ 正しい。　認定個人情報保護団体は、対象事業者の氏名又は名称を公表しなければならないとされている（法41条2項、改正後51条2項）。従って、本記述は正しい。

エ 正しい。　主務大臣は、個人情報保護法の規定の施行に必要な限度において、認定個人情報保護団体に対し、認定業務に関し報告をさせることができる（法46条、改正後56条）。そして、それに対して報告しない、又は虚偽の報告をした者には、罰金刑が科されることがある（法57条、改正後85条2号）。従って、本記述は正しい。

解答▶▶ ア

個人情報保護法上、一定の個人情報取扱事業者が一定の目的で個人情報を取り扱う場合、個人情報取扱事業者の義務規定の適用が除外されることがある。以下のアからエまでの記述のうち、この適用除外に関する【問題文A】から【問題文C】の内容として正しいものを1つ選びなさい。

【問題文A】 大学等の団体に属さず学術研究を行う個人が、学術研究の用に供する目的で個人情報を取り扱う場合、個人情報取扱事業者の義務規定の適用が除外される。

【問題文B】 報道を業として行う個人が報道の用に供する目的で個人情報を取り扱う場合、個人情報取扱事業者の義務規定の適用が除外される。

【問題文C】 個人情報取扱事業者たる宗教団体が、宗教活動に付随する活動の用に供する目的で個人情報を取り扱う場合、個人情報取扱事業者の義務規定の適用が除外される。

ア. Aのみ誤っている。
イ. Bのみ誤っている。
ウ. Cのみ誤っている。
エ. すべて正しい。

解説 ▶▶ 適用除外（法50条、改正後76条）

個人情報保護法は、法50条（改正後76条）で、憲法上の権利を尊重するため、個人情報取扱事業者のうち一定の者については、法の定める個人情報取扱事業者の義務規定を適用しない場合を定めている。本問は、この適用除外についての理解を問うものである。

A 誤 り。 法50条（改正後76条）1項各号は、一定の個人情報取扱事業者が、一定の目的で個人情報を取り扱う場合、個人情報取扱事業者の義務規定を適用しない旨を定めている。学術研究を主たる目的とする機関等が学術研究の用に供する目的で個人情報を取り扱う場合には、3号により法の適用が除外されるが、この規定の対象は「大学その他の学術研究を目的とする機関若しくは団体又はそれらに属する者」とされており、それらに属さない者は含まれない。このため、大学等の団体に属さず学術研究を行う個人が、学術研究の用に供する目的で個人情報を取り扱う場合、個人情報取扱事業者の義務規定の適用が除外されることはない。従って、本記述は誤っている。

B 正しい。 法50条（改正後76条）1項各号は、一定の個人情報取扱事業者が、一定の目的で個人情報を取り扱う場合、個人情報取扱事業者の義務規定を適用しない旨を定めている。このうち1号は、放送機関、新聞社、通信社その他の報道機関（報道を業として行う個人を含む。）が「報道の用に供する目的」で取り扱う場合を挙げている。従って、本記述は正しい。

C 正しい。 法50条（改正後76条）1項各号は、一定の個人情報取扱事業者が、一定の目的で個人情報を取り扱う場合、個人情報取扱事業者の義務規定を適用しない旨を定めている。このうち4号は、宗教団体が「宗教活動（これに付随する活動を含む。）の用に供する目的」で取り扱う場合を挙げている。従って、本記述は正しい。

以上により、問題文BCは正しいが、Aは誤っている。従って、正解は肢アとなる。

解答 ▶▶ ア

課題Ⅱ. 個人情報保護の対策と情報セキュリティ

■ 以下は、個人情報保護の対策と情報セキュリティに関する問題である。正しい場合にはアを、誤っている場合にはイを選択しなさい。

問題41 情報セキュリティに関する要素のうち、「機密性」とは、正当な権利を持つ人だけが情報資産を使用できる状態にしておくことである。
　　　ア．正しい　　イ．誤っている

解説 ▶▶ 個人情報保護の対策

情報セキュリティに関する要素のうち、「機密性」とは、正当な権利を持つ人だけが情報資産を使用できる状態にしておくことである。

解答 ▶▶ ア

問題42 リスクとは、一般的に「危険」と訳され、災害など不測の事態によって発生する損害の可能性を指す。これには、「純粋リスク」と「投機リスク」があり、情報セキュリティが対象とするのは、主に「投機リスク」である。
　　　ア．正しい　　イ．誤っている

解説 ▶▶ リスクマネジメント

リスクとは、一般的に「危険」と訳され、災害など不測の事態によって発生する損害の可能性を指す。これには、「純粋リスク」と「投機リスク」があり、情報セキュリティが対象とするのは、主に**純粋リスク**である。

解答 ▶▶ イ

問題43 残存リスクの承認は、経営者の判断ではなく、現場担当者の判断において行うべきである。
　　　ア．正しい　　イ．誤っている

解説 ▶▶ リスクマネジメント

残存リスクの承認は、現場担当者の判断ではなく、**経営者の判断**において行うべきである。

解答 ▶▶ イ

● 2級 ●

問題 44 「情報システムや機密文書がある建物・区画への入退室のセキュリティ管理が甘いと、外部から侵入される危険性がある。侵入されるとノートパソコンや文書の盗難、あるいは機器が破壊されるなどの被害が容易に起こりうる。」という脅威の具体例は、物理的脅威に該当する。

　　ア．正しい　　イ．誤っている

解説 ▶▶ 脅威と脆弱性

「情報システムや機密文書がある建物・区画への入退室のセキュリティ管理が甘いと、外部から侵入される危険性がある。侵入されるとノートパソコンや文書の盗難、あるいは機器が破壊されるなどの被害が容易に起こりうる。」という脅威の具体例は、物理的脅威に該当する。

解答 ▶▶ ア

問題 45 人的脅威による個人情報漏えいの原因上位3つは、「紛失・置忘れ」、「不正アクセス」、「誤操作」である。

　　ア．正しい　　イ．誤っている

解説 ▶▶ 脅威と脆弱性

人的脅威による個人情報漏えいの原因の上位3つは、以下のとおりである。
「誤操作」「管理ミス」「紛失・置忘れ」の順。

解答 ▶▶ イ

問題 46 個人情報保護管理者は、企業における競争力強化を目的として、組織内の情報を統括し、業務改革を推進する役割を持つ。また、IT投資に関するマネジメントやガバナンスの強化も求められている。

　　ア．正しい　　イ．誤っている

解説 ▶▶ 個人情報保護体制

個人情報保護管理者は、個人情報保護の最高責任者として、個人情報保護方針及び個人情報管理規程の策定、運用、改善を実施する。個人情報保護対策の要であるため、役員が就任することが望ましい。一方、**最高情報責任者**は、企業における競争力強化を目的として、組織内の情報を統括し、業務改革を推進する役割をもつ。また、IT投資に関するマネジメントやガバナンスの強化も求められている。

解答 ▶▶ イ

問題 47
以下の4つの項目は、全て個人情報の整理と分類における作業項目に該当する。

- 重複データの廃棄
- 管理責任者の公表
- アクセス可能者の明確化
- 保管媒体の分割

　　　ア．正しい　　イ．誤っている

解説 ▶▶ 個人情報保護体制

個人情報の整理と分類における作業項目については、次のとおりである。
- 重複データの廃棄
- 管理責任者の**明確化**
- アクセス可能者の明確化
- 保管媒体の分割

　　　　　　　　　　　　　　　　　　　　　　　　　　　　解答 ▶▶ イ

問題 48
個人情報管理規程は、業務実態と多少かけ離れているとしても、あるべき理想像をもとに策定すべきであり、策定前に現場のヒアリングなどによって左右されてはならない。

　　　ア．正しい　　イ．誤っている

解説 ▶▶ 個人情報管理の規程文書の策定及び手順書

個人情報管理規程は、手順書や様式などを決める際のものさしとなるため、個人情報保護対策をすべて網羅した内容でなければならない。また、業務実態とかけ離れた無理なルールとならないよう、策定作業の前に現場へのヒアリングを実施し、実情をよく把握しておく必要がある。

　　　　　　　　　　　　　　　　　　　　　　　　　　　　解答 ▶▶ イ

問題 49

監査証跡とは、個人情報の取扱い内容を後から追跡するための仕組みのことをいい、権限付与申請書や教育実施記録帳、入退室記録帳などがある。

　　　　ア．正しい　　イ．誤っている

解説 ▶▶ 個人情報保護監査

本記述のとおりである。また、個人情報保護監査の有効性は、監査証跡の有無に左右されるため、監査証跡はあらかじめ、業務フロー及び情報システム機能の中に組み込んでおく必要がある。

解答 ▶▶ ア

問題 50

個人情報保護についての従業者の役割と責任については、社内通達や社内報、社内ポスターなどですべての従業者に周知し、個人情報の取扱いに対する責任の自覚を促さなければならない。

　　　　ア．正しい　　イ．誤っている

解説 ▶▶ 従業者の監督や教育・管理

個人情報保護についての規程やルールの従業者への周知は、入社時または契約時だけではなく、折に触れて、従業者に発信する必要がある。なお、個人情報の取扱い手順は、具体的な業務の流れに組み込まれていなければ従業者の仕事として理解されにくい。そのため、個人情報保護の規程などを業務マニュアルには組み込むことが求められる。

解答 ▶▶ ア

問題 51

社員の出向と受入れに関して、以下の契約内容は、雇用契約にあたるといえる。

> B社に所属する社員Cは、関連会社D社に出向き、情報サービス部門の顧客管理業務を担当することになった。このとき、B社とD社の間では、特定の契約を取り交わす必要がある。

　　　　ア．正しい　　イ．誤っている

解説 ▶▶ 派遣社員・委託先の管理

社員の出向と受入れに関する契約において、本問の契約内容は、**労働者派遣契約**にあたる。

解答 ▶▶ イ

問題 52

次の文章は、緊急時の対応に関する内容である。（　）には、「苦情対応訓練」と「緊急時対応訓練」のうち、「苦情対応訓練」が当てはまる。

個人情報漏えい対策において大切なことは、緊急事態が「感知」されることである。その情報をいち早くつかむために、緊急連絡網を作成しておき、責任者がすぐに状況を把握できるようにする。決して、緊急事態の隠蔽が行われないように配慮する必要がある。また、事前に対応ルールを作成しておくことによって、対策責任者が現場で指揮が執れない場合においても、事故対策委員会のもとに適切な措置を施す必要がある。さらに、リスクの高い案件に関しては、（　）を定期的に行い、必要な専門家を選定しておくことも有効である。

ア． 正しい　**イ．** 誤っている

解説 ▶▶ 苦情・緊急時の対応

緊急時の対応に関する内容は、次のとおりである。

個人情報漏えい対策において大切なことは、緊急事態が「感知」されることである。その情報をいち早くつかむために、緊急連絡網を作成しておき、責任者がすぐに状況を把握できるようにする。決して、緊急事態の隠蔽が行われないように配慮する必要がある。また、事前に対応ルールを作成しておくことによって、対策責任者が現場で指揮が執れない場合においても、事故対策委員会のもとに適切な措置を施す必要がある。さらに、リスクの高い案件に関しては、**緊急時対応訓練**を定期的に行い、必要な専門家を選定しておくことも有効である。

解答 ▶▶ イ

問題 53

部外者がオフィス内に入室する場合は、来訪者用のバッジを身に付けさせ、従業者が帯同する。また、来訪者用のバッジは、できるだけ多く作成して用意しておく。

ア． 正しい　**イ．** 誤っている

解説 ▶▶ 入退管理

部外者がオフィス内に入室する場合は、来訪者用のバッジを身に付けさせ、従業者が帯同する。その際、来訪者用のバッジは、適切な枚数を作成して用意し、適宜その管理をすることが望ましい。

解答 ▶▶ イ

• 2級 •

 問題 54 オフィス内のセキュリティ管理に関して、FAXで個人情報などの重要な内容を送信する場合は、宛先を間違えないように注意し、着信したかどうかの確認を必ず行う。

解説 ▶▶ オフィス内の保護対策

オフィス内のセキュリティ管理に関して、FAXで個人情報などの重要な内容を送信する場合は、宛先を間違えないように注意し、着信したかどうかの確認を必ず行う。

解答 ▶▶ ア

 問題 55 個人情報の輸送時のセキュリティに関して、従業者が持ち歩く場合には、個人情報の入ったかばんは常に身に付け、なるべく単独で運ぶようにし、寄り道をしないことが挙げられる。

解説 ▶▶ オフィス外の保護対策

個人情報の輸送時のセキュリティに関して、従業者が持ち歩く場合には、個人情報の入ったかばんは常に身に付け、なるべく**二人一組**で運ぶようにし、寄り道をしないことが挙げられる。
なお、他にも次のことが挙げられる。

- ・電車や社用車を利用する場合には、置忘れや車上荒らしに注意すること。
- ・輸送時はデータを暗号化し、また、パスワードなどで保護していること。

解答 ▶▶ イ

■ 次の問に対応するものを、各選択肢（ア～エ）から１つ選びなさい。

問題 56 以下の文章は、リスクマネジメントシステムにおけるPDCAサイクルのステップに関する内容である。その名称として最も適切なものを、ア～エで答えなさい。

> リスクマネジメントの効果を測定し、そのシステムの有効性を評価する。具体的には、当初の目標と実施した結果とを比較し、問題点を洗い出したり、成功や失敗の要因を分析したりする。
>
> **ア.** Act　　**イ.** Check　　**ウ.** Do　　**エ.** Plan

解説 ▶▶ 脅威と脆弱性に対する理解

リスクマネジメントシステムにおけるPDCAサイクルのステップに関して、文章の内容に該当するのは、Checkである。

解答 ▶▶ イ

問題 57

以下の個人情報保護の対策に関する文章を読み、誤っているものを1つ選びなさい。

ア． 個人情報保護法において、個人情報取扱事業者に課せられた義務は4項目に分類することができる。それらの項目の1つである「第三者提供の制限」については、情報セキュリティ対策の実施が義務付けられている。

イ． 個人情報保護法には、個人情報を保護するための具体的な対策が明記されていないのが実状である。従って、関係省庁や業界団体が策定するガイドライン及びマネジメントシステム規格などをもとに、各企業が自主的に適切な個人情報保護対策を実施することが要請されている。

ウ． 個人情報保護法に則り、管理体制を構築するとともに、個人情報漏えい時に主務官庁への報告義務などが発生するといったことを含め、想定されるリスクを十分に検討しておく必要がある。

エ． 適切な管理体制を構築するためには、経営者から従業者にわたる体系的で全経営活動に統合された、個人情報保護に関するマネジメントシステムを構築し、運営及び管理することが必要である。

解説 ▶▶ 脅威と脆弱性に対する理解

個人情報保護法において、個人情報取扱事業者に課せられた義務は、次の4項目に分類できる。

・個人情報の適切な取得・取扱
・**個人情報の適切・安全な管理**
・最三者提供の制限
・開示・削除請求などへの対応

これらの中で、**個人情報の適切・安全な管理**について、情報セキュリティ対策が義務付けられている。

解答 ▶▶ ア

問題58 以下の事例において、個人情報データベース等に該当しないものを1つ選びなさい。

ア．氏名とメールアドレスが組み合わされて保管されている電子メールアドレス帳
イ．氏名の五十音順に整理し、五十音順のインデックスを付したファイル
ウ．氏名や住所等により分類整理されていないアンケートの戻りはがき
エ．氏名や住所、企業別に分類整理されている市販の人名録

解説 ▶▶ 脅威と脆弱性に対する理解

個人情報データベース等に該当しない事例の一つとして、**氏名や住所等により分類整理されていないアンケートの戻りはがき**が挙げられる。そのほかの事例として、従業者が所有する名刺について、他者が自由に検索できる状況であっても、他者には容易に検索できない独自の分類方法により名刺を分類した状態である場合も該当する。

解答 ▶▶ ウ

問題59 以下のリスクに関する文章を読み、正しいものを1つ選びなさい。

ア．リスクは一般的に「危険」と訳され、災害など不測の事態によって発生する損害の可能性を指す。
イ．リスクは結果が確実であることを指し、ある行動に伴って起こりうる結果とその確率が明確にわかる。
ウ．リスクのうち、発生した事象により、利益または損失の影響をもたらすものを「純粋リスク」と呼ぶ。
エ．発生した事象により、安全面にマイナスの影響を与えるものを「投機リスク」と呼び、情報セキュリティの対象となる。

解説 ▶▶ 脅威と脆弱性に対する理解

リスクは一般的に「危険」と訳され、災害など不測の事態によって発生する損害の可能性を指す。しかし、リスクは結果が「不確実」であることを指し、プラスの影響が出た場合に利益をもたらす側面もある。

リスクのうち、発生した事象により、利益または損失の影響をもたらすものを「投機リスク」と呼ぶ。一方、発生した事象により、安全面にマイナスの影響を与えるものを「純粋リスク」と呼び、情報セキュリティの対象となる。

解答 ▶▶ ア

問題60　以下の文章は、リスク分析に関する内容である。（　）に入る最も適切な語句の組合せを、ア〜エで答えなさい。

> リスクマネジメントの手法には様々な考え方があり、正解は一つとは限らない。まず、リスクの存在を見出し、それを分析し、対策を立てる。また、リスクが発生した場合は、（　a　）手順に従って対応する必要がある。さらに、リスクの大きさを評価する方法には、発生した場合の損害規模と予想される（　b　）から評価するものや、情報資産の重要性と脅威に対する（　c　）から評価するものなどがある。

ア． a．あらかじめ定めた　　b．脆弱性　　c．発生頻度
イ． a．あらかじめ定めた　　b．発生頻度　　c．脆弱性
ウ． a．事態に即応した　　b．脆弱性　　c．発生頻度
エ． a．事態に即応した　　b．発生頻度　　c．脆弱性

解説 ▶▶ 脅威と脆弱性に対する理解

リスク分析に関する内容は、次のとおりである。

> リスクマネジメントの手法には様々な考え方があり、正解は一つとは限らない。まず、リスクの存在を見出し、それを分析し、対策を立てる。また、リスクが発生した場合は、**あらかじめ定めた**手順に従って対応する必要がある。さらに、リスクの大きさを評価する方法には、発生した場合の損害規模と予想される**発生頻度**から評価するものや、情報資産の重要性と脅威に対する**脆弱性**から評価するものなどがある。

解答 ▶▶ イ

問題 61

以下の役割・責任の明確化に関する文章を読み、誤っているものを1つ選びなさい。

- ア．従業者が個人データの取扱いについて果たすべき役割と責任を定義し、安全管理対策を標準化することが重要である。
- イ．個人データの取扱いに際しては、支店または部門ごとに情報管理責任者を設置し、その役割と責任を明確化する。
- ウ．個人データの取扱い作業については、作業責任者を設置し、個人データを取り扱う担当者も限定する。
- エ．個人データをデータベースとして管理したり、検索機能を提供したりする情報システムについては、運用にあたる担当者を限定しない。

解説 ▶▶ 組織体制の整備

役割・責任の明確化に関して、従業者が個人データの取扱いについて果たすべき役割と責任を定義し、安全管理対策を標準化することが重要である。個人データの取扱い作業については、作業責任者を設置し、個人データを取り扱う担当者も限定する。また、個人データをデータベースとして管理したり、検索機能を提供したりする情報システムについては、運用にあたる担当者を限定する。

解答 ▶▶ エ

問題 62

個人情報保護の推進を組織内で継続的に取り組むための意思決定機関である「管理委員会」の役割として、最も適切なものを1つ選びなさい。

- ア．顧客や従業者などからの個人情報保護に関する問合せや苦情の受付け
- イ．個人情報管理規程の策定、従業者への周知・教育、運用、見直し
- ウ．個人情報管理の状況についての監査の実施と報告
- エ．個人情報保護方針の策定と規程の承認

解説 ▶▶ 組織体制の整備

個人情報保護の推進を組織内で継続的に取り組むための意思決定機関である「管理委員会」の役割は、次のとおりである。
- ・各部門、各職務の役割、責任、権限の決定と任命
- ・個人情報保護方針の策定と規程の承認
- ・個人情報保護対策に必要な経営資源の手配　等

顧客や従業者などからの個人情報保護に関する問合せや苦情の受付けは、個人情報苦情・相談窓口が担当する。また、個人情報管理規程の策定、従業者への周知・教育、運用、見直しは、事務局が担当する。そして、個人情報管理の状況についての監査の実施と報告は、個人情報保護監査責任者が担当する。

解答 ▶▶ エ

問題63 以下の従業者の役割及びルールの明確化などに関する文章を読み、誤っているものを１つ選びなさい。

ア．個人情報保護に関しての各階層における役割や責任を定め、従業者が各々の役割や責任を認識している必要がある。
イ．個人情報保護に関する文書類は、正規の手続きによって作成し、文書の更新や保管、周知のためのルールを明確化して運用する必要がある。
ウ．個人情報保護に関するルールの実施状況については、定期的に監査または内部点検し、その運用についても定期的に報告するルートを定めておく必要がある。
エ．個人情報保護に関する体制を構築し、それに関する外部環境の変化を把握する。なお、生活者意識やその他の環境が変化しても、社内ルールや体制は構築時の状態を維持しなければならない。

解説 ▶▶ 組織体制の整備

従業者の役割及びルールの明確化などに関して、まずは、個人情報保護に関する体制を構築し、それに関する社内の運用状況や外部環境の変化を把握することが必要である。そのうえで、定期的にそれらの情報をレビューし、適切に社内のルールや体制を見直さなければならない。

解答 ▶▶ エ

問題64 保有個人データに関し、個人情報保護方針に盛り込む項目のうち、法令によって個人情報取扱事業者が「個人情報の本人の知り得る状態」におくことが義務付けられているものとして、該当するものを１つ選びなさい。

ア．苦情及び相談への対応に関すること
イ．個人情報保護マネジメントシステムの継続的改善
ウ．個人情報保護監査責任者
エ．保有個人データの利用目的

解説 ▶▶ 組織体制の整備

保有個人データに関し、個人情報保護方針に盛り込む項目のうち、法令によって個人情報取扱事業者が「個人情報の本人の知り得る状態」におくことが義務付けられているものは、次のとおりである。
・自己の氏名または名称
・開示等の要求に応じる手続きと手数料
・取扱いに関する苦情の申出先
・**保有個人データの利用目的**

解答 ▶▶ エ

問題65 以下の文章は、個人情報の取扱いに関する内容である。（　）に入る最も適切な語句の組合せを、ア〜エで答えなさい。

個人情報を重要度に応じて管理を行うためには、情報の分類が不可欠である。情報の分類を識別して適切な取扱いを行うためには、分類を表記、つまり（　a　）することが望ましい。例えば、文書の各ページに「社外秘」などと印刷することや（　b　）こと、または、ファイルの表紙に（　c　）ことなどの措置が必要である。これによって重要な情報が誤って破棄されたり、机上に放置されたりすることを防止することができる。

ア． a．マーキング　　b．隠し文字を入れる　　c．機密扱いとするシールを貼る
イ． a．マーキング　　b．スタンプを押す　　　c．機密扱いの情報名を記載する
ウ． a．ラベリング　　b．隠し文字を入れる　　c．機密扱いの情報名を記載する
エ． a．ラベリング　　b．スタンプを押す　　　c．機密扱いとするシールを貼る

解説 ▶▶ 組織体制の整備

個人情報の取扱いに関する内容は、次のとおりである。

個人情報を重要度に応じて管理を行うためには、情報の分類が不可欠である。情報の分類を識別して適切な取扱いを行うためには、分類を表記、つまり**ラベリング**することが望ましい。例えば、文書の各ページに「社外秘」などと印刷することや**スタンプを押す**こと、または、ファイルの表紙に**機密扱いとするシールを貼る**ことなどの措置が必要である。これによって重要な情報が誤って破棄されたり、机上に放置されたりすることを防止することができる。

解答 ▶▶ エ

問題66 以下の従業者の監督に関する文章を読み、誤っているものを1つ選びなさい。

ア. 個人情報の漏えい事故の主な原因は、従業者の故意によるものである。そのため、個人情報へのアクセス権限をもつ者による漏えい事故は、情報システムの機能による対策によってすべて防ぐことができる。

イ. 従業者の監督を怠った結果として個人情報の漏えい事故が起きた場合は、従業者の監督を適切に実施していたがそれでも事故が起きた場合に比べて、事業者に課せられる罰則や社会的制裁が重くなる可能性がある。

ウ. 個人情報を保護するためには、個人情報を直接取り扱う従業者を監督するだけでは不十分であり、個人情報を取り扱う可能性のある従業者をすべて含めた広い範囲を監督対象とすべきである。

エ. 従業者の監督に際しては、個人情報が漏えい、紛失、き損した場合の被害の大きさを考慮し、事業の性質及び個人情報の取扱い状況に起因するリスクに応じて、必要かつ適切な措置を講じる。

解説 ▶▶ 人的管理の実務知識

個人情報の漏えい事故の多くは、主に従業者の故意または過失が原因となって起きている。個人情報へのアクセス権限をもつ者の出来心や無防備さから起きる漏えい事故は、情報システムの機能による対策だけでは防ぐことが難しく、外部からの不正アクセスなどよりも問題の根が深い。そこで、人的安全管理措置として、従業者を適切に監督することが求められる。

解答 ▶▶ ア

問題67 人的安全管理措置において、管理の対象となる者として該当するものを、ア〜エで答えなさい。

a）正社員、契約社員、嘱託社員
b）パート社員、アルバイト社員
c）取締役、執行役、監査役
d）派遣社員

ア. aとb　　**イ.** c以外　　**ウ.** d以外　　**エ.** すべて

解説 ▶▶ 人的管理の実務知識

人的安全管理措置において、管理の対象となる者（個人情報取扱事業者の組織内にあって直接間接に事業者の指揮監督を受けて事業者の業務に従事している者）として該当するのは、次のものすべてである。

・正社員、契約社員、嘱託社員
・パート社員、アルバイト社員
・取締役、執行役、監査役
・派遣社員

解答 ▶▶ エ

問題 68 以下の従業者の教育に関する文章を読み、誤っているものを1つ選びなさい。

ア. 従業者が教育を受けるために業務から離れることは、現場にそのぶん負担がかかる。従って、負担軽減の配慮をするとともに、従業者教育に対する現場の理解と協力を得ることが必要である。

イ. 教育の実施に際しては、教育手順書に定めた範囲内で、組織の実状や教育内容に合わせて、講義やe-ラーニング、ビデオ、外部セミナーなどの教育方法を選択する必要がある。

ウ. 個人情報保護の教育を受けることを、入社や昇進、昇格の条件にしたり、ルールを遵守する誓約書を提出させるなど、全社的な指揮のもとに教育を実施する必要がある。

エ. 教育の実施後は、アンケート調査によってその教育の満足度を確認することは問題ないが、個人情報保護に対する理解度を図るための試験は、従業者の精神的な負担になるので行うべきではない。

解説 ▶▶ 人的管理の実務知識

従業者の教育に関して、教育の実施後は、アンケートや試験、管理者による面接などで、その教育の理解度を確認しなければならない。理解度が一定の基準に満たない従業者は、再教育したり当該教務から外したりすることも検討する。また、「理解したからにはルールを遵守します」との誓約書を提出させるのも有効である。

解答 ▶▶ エ

問題 69 以下の派遣社員の受入れに関する文章を読み、誤っているものを1つ選びなさい。

ア. 派遣社員は、派遣先企業と事実上の雇用関係にあるため、派遣先企業の就業規則の罰則規定が適用される。従って、派遣先企業は、派遣社員との間に非開示契約を締結する必要がある。

イ. 派遣社員は、過去に複数の企業に従事している場合が多く、安全管理意識は比較的低い企業の考え方で個人情報を取り扱う可能性がある。従って、派遣社員がアクセスする個人情報の範囲を限定する必要がある。

ウ. 派遣社員の自宅住所などの連絡先は、労働者派遣法が規定する「派遣元が派遣先に通知すべき事項」の範囲を逸脱するため、非開示契約書や誓約書への記入を義務付けるべきではない。

エ. 派遣先企業に対する派遣社員の帰属意識は、一般的に希薄である。そのため、派遣先企業の現場の正社員は、派遣社員は他社の人間であることを常に意識する必要がある。

解説 ▶▶ 人的管理の実務知識

派遣社員は、派遣元企業に雇用された労働者であって、派遣先企業の指揮命令を受けて業務に従事する者をいう。派遣先企業は派遣元企業と労働者派遣契約を締結後、派遣社員を受け入れて業務に従事させる。また、派遣社員は、派遣先企業と雇用関係にないため、派遣先企業の就業規則の罰則規定が適用されない。従って、派遣先企業は、派遣元企業との間に非開示契約を締結する必要がある。

解答 ▶▶ ア

問題 70 以下の委託先との契約に関する文章を読み、誤っているものを1つ選びなさい。

ア. 業務を委託する際、委託先が法人・個人であるかを問わず、非開示契約を締結し、委託先への監督権限や損害賠償の可能性を担保すべきである。
イ. 委託契約の締結の際、非開示契約の項目として、個人情報の取扱い状況に関する委託元への報告の内容や頻度については、盛り込むべきではない。
ウ. やむを得ず再委託する場合は、委託先に規定している安全管理義務を再委託先にも負わせると同時に、委託先は損害賠償を含めて、再委託先の監督責任を負う。
エ. 個人情報を直接取り扱う委託先だけではなく、個人情報を保有する建物などに立ち入ったり、個人情報を取り扱う情報システムにアクセスしたりする可能性がある委託先についても、非開示契約を締結すべきである。

解説 ▶▶ 人的管理の実務知識

業務を委託する際、委託先が法人・個人であるかを問わず、非開示契約を締結し、委託先への監督権限や損害賠償の可能性を担保すべきである。なお、委託契約の締結の際、非開示契約の項目として、個人情報の取扱い状況に関する委託元への報告の内容や頻度についても盛り込むべきである。

解答 ▶▶ イ

問題 71 以下のオフィスにおける情報セキュリティに対する考え方として、正しい組合せをア～エで答えなさい。

a) 情報そのもののセキュリティを強化する。
b) 情報にアクセスできる人を識別する。
c) 情報の置き場所を分ける。

ア. aとb　　イ. aとc　　ウ. bとc　　エ. aとbとc

解説 ▶▶ 物理的管理の実務知識

オフィスにおける情報セキュリティに対する考え方は、次のとおりである。
・情報そのもののセキュリティを強化する。
・情報にアクセスできる人を識別する。
・情報の置き場所を分ける。

解答 ▶▶ エ

問題72 以下の従業者の識別に関する文章を読み、誤っているものを1つ選びなさい。

ア. 従業者は社員証または社員バッジなどを必ず身に付け、従業者が相互にそれらを確認する。
イ. 退職した従業者については、社員証や社員バッジなどを返却させ、それらを回収して無効化する。
ウ. 部外者がオフィス内に入室する場合は、来訪者用のバッジを身に付けさせ、従業者が帯同する。
エ. 来訪者用のバッジは、できるだけ多く作成して用意しておく。

解説 ▶▶ 物理的管理の実務知識

部外者がオフィス内に入室する場合は、来訪者用のバッジを身に付けさせ、従業者が帯同する。その際、来訪者用のバッジは、適切な枚数を作成して用意し、適宜その管理をすることが望ましい。

解答 ▶▶ エ

問題73 以下の入退室管理などの際に用いるIDカードに関する文章を読み、誤っているものを1つ選びなさい。

ア. 従業者のIDカードは、社員証と兼用してはならない。また、社員本人の顔写真は個人情報となるため、IDカードに印刷すべきではない。
イ. オフィスでの常駐業者や協力会社の従業者などが、日常的にオフィススペースに立ち入る場合、安全管理に関する事項を盛り込んだ契約を取り交わし、IDカードを発行する。
ウ. IDカードを紛失した場合は、所定の紛失届を提出させて再発行する。また、以前のカードは、即刻、使用できないよう無効にする。
エ. IDカードが破損などにより使用できない場合は、所定の申請書を提出させて再発行し、破損した現物と交換する。

解説 ▶▶ 物理的管理の実務知識

入退室管理などの際に用いるIDカードに関して、従業者のIDカードは、社員証と兼用する場合が多い。偽造やなりすましを防止するため、社員本人の顔写真や社印などをIDカードに印刷しておくことが望ましい。また、オフィスでの常駐業者や協力会社の従業者などが、日常的にオフィススペースに立ち入る場合、安全管理に関する事項を盛り込んだ契約を取り交わし、IDカードを発行する。

解答 ▶▶ ア

問題74 以下の来訪者管理のための入退室記録帳に記入すべき項目例に関する文章を読み、最も適切なものを１つ選びなさい。

ア．入室時刻は必要であるが、退室時刻は必要ではない。
イ．来訪者の会社名は必要であるが、来訪者の氏名は必要ではない。
ウ．訪問先の部署名は必要であるが、訪問先の担当者名は必要ではない。
エ．訪問概要は必要であるが、訪問時に取り扱う情報名は必要ではない。

解説 ▶▶ 物理的管理の実務知識

来訪者管理のための入退室記録帳に記入すべき項目は、入室時刻や退室時刻、来訪者の会社名や氏名、訪問先の部署名や担当者名、訪問概要などである。なお、訪問時に取り扱う情報名は機密情報に関係する場合があるため、記入しないようにする。

解答 ▶▶ エ

問題75 以下のセキュリティ対策の具体例において、該当する名称を、ア～エで答えなさい。

> パソコンの使用中に席を離れる場合は、表示している内容の盗み見や、パソコンを他人に使用されないように、パスワード付きのスクリーンセーバーを起動し、一定時間が経てば画面をロックする設定にしておく。

ア．クリアスクリーン　　イ．クリアデスク
ウ．スクリーンショット　エ．ヘルプデスク

解説 ▶▶ 物理的管理の実務知識

セキュリティ対策の具体例において、次の内容に該当する名称は、**クリアスクリーン**である。

解答 ▶▶ ア

問題 76

以下の文章は、オフィス内の備品に関する内容である。（　）に入る最も適切な語句の組合せを、ア～エで答えなさい。

会議などで一般的なホワイトボードや黒板を使用した後は、情報の漏えいを防ぐために、会議終了後に書き込んだ内容を（　a　）する必要がある。また、電子ホワイトボードには、書き込んだ内容をデータとして（　b　）に保存できるものがあるが、そのデータについても取扱いに注意が必要である。そして、書き込んだ内容を付属のプリンタで印刷できるものもあり、出力後に不要になった印刷物は、（　c　）で確実に処分する。

ア．a．一定期間残存　　b．スキャナ　　　　　c．シュレッダー
イ．a．一定期間残存　　b．メモリードライブ　c．カッター
ウ．a．すべて消去　　　b．スキャナ　　　　　c．カッター
エ．a．すべて消去　　　b．メモリードライブ　c．シュレッダー

解説 ▶▶ 物理的管理の実務知識

オフィス内の備品に関する内容は、次のとおりである。

会議などで一般的なホワイトボードや黒板を使用した後は、情報の漏えいを防ぐために、会議終了後に書き込んだ内容を**すべて消去する**必要がある。また、電子ホワイトボードには、書き込んだ内容をデータとして**メモリードライブ**に保存できるものがあるが、そのデータについても取扱いに注意が必要である。そして、書き込んだ内容を付属のプリンタで印刷できるものもあり、出力後に不要になった印刷物は、**シュレッダー**で確実に処分する。

解答 ▶▶ エ

● 2級 ●

問題 77 以下のUSBメモリによるウイルス感染を防ぐ対策として、誤っているものを1つ選びなさい。

ア．USB自動実行機能の無効化
イ．OSのセキュリティ機能の更新
ウ．ウイルス対策ソフトの導入と定義ファイルの削除
エ．管理下にないUSBメモリの接続禁止

解説 ▶▶ 物理的管理の実務知識

USBメモリによるウイルス感染を防ぐ対策は、次のとおりである。
・USB自動実行機能の無効化
・OSのセキュリティ機能の更新
・**ウイルス対策ソフトの導入と定義ファイルの最新化**
・管理下にないUSBメモリの接続禁止

解答 ▶▶ ウ

問題 78 以下のオフィス内における鍵の管理に関する文章を読み、誤っているものを1つ選びなさい。

ア．オフィス内の鍵は、壁にぶら下げるなど、誰もが手に取れる場所に置いたり、何の鍵かわかるような置き方をしない。
イ．オフィスの解錠及び施錠権限者を確定し、権限者が万が一出社できないことも考慮した運用ルールを定める。
ウ．複数の者が鍵を利用する場合には、合鍵を人数分作って各人に配布し、鍵の紛失に備えておく必要がある。
エ．最終退室者はオフィスを施錠するとともに、退室時の日時や退室者名などの記録を残し、管理者がその記録を常時チェックする。

解説 ▶▶ 物理的管理の実務知識

オフィス内における鍵の管理に関して、オフィスの解錠及び施錠権限者を確定し、権限者が万が一出社できないことも考慮した運用ルールを定める。複数の者が鍵を利用する場合であっても、安易に合鍵を人数分作ることなく、鍵の管理を厳重にしておく必要がある。

解答 ▶▶ ウ

問題 79 以下の文章は、個人情報の輸送時のセキュリティに関する内容である。（　）に入る最も適切な語句の組合せを、ア～エで答えなさい。

・従業者が持ち歩く場合には、個人情報の入ったかばんは常に身に付け、なるべく（　a　）で運ぶようにし、寄り道をしないこと。
・個人情報が入った封筒や箱を利用する場合は、（　b　）封印を利用すること。
・電車や社用車を利用する場合は、置忘れや（　c　）に注意すること。

ア. a．単独　　　　b．開封確認のできる　　　c．違法駐車
イ. a．単独　　　　b．開封確認のできない　　c．車上荒らし
ウ. a．二人一組　　b．開封確認のできる　　　c．車上荒らし
エ. a．二人一組　　b．開封確認のできない　　c．違法駐車

解説 ▶▶ 物理的管理の実務知識

個人情報の輸送時のセキュリティに関する内容は、次のとおりである。

・従業者が持ち歩く場合には、個人情報の入ったかばんは常に身に付け、なるべく**二人一組**で運ぶようにし、寄り道をしないこと。
・個人情報が入った封筒や箱を利用する場合は、**開封確認のできる**封印を利用すること。
・電車や社用車を利用する場合は、置忘れや**車上荒らし**に注意すること。

解答 ▶▶ **ウ**

問題 80　経済産業省が策定した「情報システム安全対策基準」の「技術基準」の表において、(　)に入る最も適切な語句の組合せを、ア～エで答えなさい。

機能	対策項目
(　a　)	情報システムは、代替運転する機能を設けること。
(　b　)	データのエラー検出機能を設けること。
(　c　)	情報システムの稼働及び障害を監視し、運転を制御する機能を設けること。

ア. a．災害対策機能　　　b．運用支援機能　　　c．障害対策機能
イ. a．災害対策機能　　　b．障害対策機能　　　c．運用支援機能
ウ. a．障害対策機能　　　b．運用支援機能　　　c．災害対策機能
エ. a．障害対策機能　　　b．災害対策機能　　　c．運用支援機能

解説 ▶▶ 物理的管理の実務知識

経済産業省が策定した「情報システム安全対策基準」の「技術基準」の表は、次のとおりである。

機能	対策項目
災害対策機能	情報システムは、代替運転する機能を設けること。
障害対策機能	データのエラー検出機能を設けること。
運用支援機能	情報システムの稼働及び障害を監視し、運転を制御する機能を設けること。

解答 ▶▶ イ

1級

出題分野

課題Ⅰ　個人情報保護の総論
- 個人情報保護法の理解

課題Ⅱ　個人情報保護の対策と情報セキュリティ
- 脅威と対策
- 組織的・人的セキュリティ
- オフィスセキュリティ
- 情報システムセキュリティ

試験形態：マークシート方式
問 題 数：100問（2択30問・4択70問）
合格基準：80％以上
試験時間：120分

課題Ⅰ. 個人情報保護の総論

■ 以下は、個人情報保護の総論に関する問題である。正しい場合にはアを、誤っている場合にはイを選択しなさい。

問題 1 OECD8原則のうち、収集するデータは、利用目的に沿ったもので、かつ、正確・完全・最新であるべきとする「データ内容の原則」は、個人情報保護法上の苦情の処理（法31条）に反映されている。

　　ア．正しい　　イ．誤っている

解説 ▶▶ OECD8原則

OECD8原則のうち、収集するデータは、利用目的に沿ったもので、かつ、正確・完全・最新であるべきとする「データ内容の原則」は、個人情報保護法上のデータ内容の正確性の確保（法19条）に反映されているが、苦情の処理（法31条）には反映されていない。

解答 ▶▶ イ

問題 2 1回の認定によるプライバシーマーク付与の有効期間は3年間とされ、それ以降は2年ごとに更新を行うことができる。

　　ア．正しい　　イ．誤っている

解説 ▶▶ JIS Q 15001・プライバシーマーク制度

1回の認定によるプライバシーマーク付与の有効期間は**2年間**とされるが、それ以降は2年ごとに更新を行うことができる。

解答 ▶▶ イ

問題 3 民間部門の個人情報の保護について、個人情報保護法は必要最小限のルールを規定するにとどまり、事業者等が個人情報の保護について自主的な取組みを行うことが期待されている。
　　　　ア．正しい　　イ．誤っている

解説 ▶▶ 個人情報保護法の現状・総論

民間部門の個人情報の保護について、個人情報保護法は必要最小限のルールを規定するにとどまり、事業者等が個人情報の保護について自主的な取組みを行うことが期待されている。

解答 ▶▶ ア

 問題 4 死者に関する情報が、同時に、遺族等の生存する個人に関する情報でもある場合には、当該生存する個人に関する「個人情報」に当たることがある。
　　　　ア．正しい　　イ．誤っている

解説 ▶▶ 個人情報・個人情報データベース等

死者に関する情報が、同時に、遺族等の生存する個人に関する情報でもある場合には、当該生存する個人に関する「個人情報」に当たることがある。

解答 ▶▶ ア

問題 5 個人情報取扱事業者が、開示、内容の訂正、追加又は削除、利用の停止、消去及び第三者への提供の停止を行うことのできる権限を有する個人データであっても、6か月以内に消去することとされているものは、「保有個人データ」に当たらない。

　　　ア．正しい　　イ．誤っている

解説 ▶▶ 個人データ・保有個人データ

「保有個人データ」とは、個人情報取扱事業者が、開示、内容の訂正、追加又は削除、利用の停止、消去及び第三者への提供の停止を行うことのできる権限を有する個人データであって、その存否が明らかになることにより公益その他の利益が害されるものとして政令で定めるもの又は1年以内の政令で定める期間以内に消去することとなるもの以外のものをいう（法2条5項）。そして、これを受けた個人情報の保護に関する法律施行令4条は、消去期間について6か月と定めている。

解答 ▶▶ ア

問題 6 個人情報取扱事業者が、利用目的の達成に必要な範囲を超えて個人情報を取り扱うにあたり、同意を得るために個人情報を利用すること（メールの送付や電話をかけること等）は、当初の利用目的に含まれていない場合には、あらかじめ本人の同意を得なければならない。

　　　ア．正しい　　イ．誤っている

解説 ▶▶ 個人情報の利用目的の特定・制限

個人情報取扱事業者が、利用目的の達成に必要な範囲を超えて個人情報を取り扱うにあたり、同意を得るために個人情報を利用すること（メールの送付や電話をかけること等）は、当初の利用目的として記載されていない場合でも、目的外利用には該当しないとされている。よって、あらかじめ本人の同意を得なくてもよい。

解答 ▶▶ イ

問題 7 個人情報取扱事業者は、個人情報を取得した場合は、あらかじめその利用目的を公表している場合を除き、速やかに、その利用目的を、本人に通知し、又は公表しなければならないが、ここでいう「公表」とは、広く一般に自己の意思を知らせること（国民一般その他不特定多数の人々が知ることができるように発表すること）をいい、例えば、店舗の見やすい場所への掲示や、通信販売用のパンフレット等への記載はこれに当たる。

ア．正しい　イ．誤っている

解説 ▶▶ 個人情報の適正な取得・取得に際しての利用目的の通知・公表等

個人情報取扱事業者は、個人情報を取得した場合は、あらかじめその利用目的を公表している場合を除き、速やかに、その利用目的を、本人に通知し、又は公表しなければならない（法18条1項）。ここでいう「公表」とは、広く一般に自己の意思を知らせること（国民一般その他不特定多数の人々が知ることができるように発表すること）をいい、例えば、店舗販売においては、店舗の見やすい場所に掲示することや、通信販売においては、通信販売用のパンフレット等に記載することは、これに当たる。

解答 ▶▶ ア

問題 8 個人情報取扱事業者は、「個人データ」のみならず、広く「個人情報」すべてについて、正確性の確保に努めなければならないとされている。

ア．正しい　イ．誤っている

解説 ▶▶ データ内容の正確性の確保

法19条は、個人情報取扱事業者は、利用目的の達成に必要な範囲内において、「個人データ」を正確かつ最新の内容に保つよう努めなければならないとしている。すなわち、個人情報保護法が、正確かつ最新の内容に保つよう努めなければならないと規定しているものは、「個人情報」ではなく、「個人データ」に限定されている。

解答 ▶▶ イ

問題9 物理的安全管理措置として講じなければならない事項として、機器・装置等の物理的な保護がある。これを実践するために講じることが望まれる手法の例示として、個人データを取り扱う機器・装置等の、安全管理上の脅威（例えば、盗難、破壊、破損）や環境上の脅威（例えば、漏水、火災、停電）からの物理的な保護が挙げられる。

　　ア．正しい　　イ．誤っている

解説 ▶▶ 安全管理措置

物理的安全管理措置とは、入退館（室）の管理、個人データの盗難の防止等の措置をいう。機器・装置等の物理的な保護は、物理的安全管理措置のうちの1つである。これを実践するために講じることが望まれる手法の例示として、個人データを取り扱う機器・装置等の、安全管理上の脅威（例えば、盗難、破壊、破損）や環境上の脅威（例えば、漏水、火災、停電）からの物理的な保護が挙げられる。

解答 ▶▶ ア

問題10 個人情報取扱事業者が委託先の監督を行う場合、漏えいした場合に二次被害が発生する可能性が高い個人データの取扱いを委託する場合は、より高い水準において「必要かつ適切な監督」を行うことが望ましい。

　　ア．正しい　　イ．誤っている

解説 ▶▶ 従業者の監督・委託先の監督

個人情報取扱事業者が委託先の監督を行う場合、漏えいした場合に二次被害が発生する可能性が高い個人データ（例えば、クレジットカード情報（カード番号、有効期限等）を含む個人データ等）の取扱いを委託する場合は、より高い水準において「必要かつ適切な監督」を行うことが望ましいとされている。

解答 ▶▶ ア

問題11 親子兄弟会社、グループ会社の間で個人データを交換する場合、原則として、あらかじめ本人の同意を得ることが必要である。

　　ア．正しい　　イ．誤っている

解説 ▶▶ 個人データの第三者への提供・オプトアウト・共同利用

親子兄弟会社、グループ会社の間で個人データを交換する場合、個人データの第三者提供に当たるため、原則として、あらかじめ本人の同意を得ることが必要である。

解答 ▶▶ ア

問題12 個人情報取扱事業者は、「第三者提供におけるオプトアウト」を行う場合、本人の求めに応じて当該本人が識別される個人データの第三者への提供を停止することを、あらかじめ、本人に通知し、又は本人が容易に知り得る状態に置かなければならない。

　　ア．正しい　　**イ**．誤っている

解説 ▶▶ 個人データの第三者への提供・オプトアウト・共同利用

法23条2項4号は、個人情報取扱事業者が「第三者提供におけるオプトアウト」を行うに当たり、あらかじめ本人に通知し、又は本人が容易に知り得る状態に置かなければならない事項として、「本人の求めに応じて当該本人が識別される個人データの第三者への提供を停止すること」を挙げている。

解答 ▶▶ ア

問題13 共同利用か委託かは、個人データの取扱いの形態によって判断されるものであって、共同利用者の範囲に委託先事業者が含まれる場合、委託先との関係は、共同利用となるので、委託先の監督義務を免れる。例えば、グループ企業でイベントを開催する場合において、各子会社から親会社（幹事会社）に顧客情報を集めた上で展示会の案内を発送するときには共同利用となるが、自社でイベントを開催する場合において、案内状を発送するために発送代行事業者に顧客情報を提供するときには、委託となり、共同利用とはならない。

　　ア．正しい　　**イ**．誤っている

解説 ▶▶ 個人データの第三者への提供・オプトアウト・共同利用

共同利用か委託かは、個人データの取扱いの形態によって判断されるものであって、共同利用者の範囲に委託先事業者が含まれる場合であっても、委託先との関係は、共同利用となるわけではなく、委託先の監督義務を免れるわけでもないとされている。それゆえ、「共同利用者の範囲に委託先事業者が含まれる場合、委託先との関係は、共同利用となるので、委託先の監督義務を免れる」という記述は誤っている。他方、「例えば」以下の事例における共同利用と委託に関する記述は正しい。

解答 ▶▶ イ

問題 14 個人情報取扱事業者は、本人から、当該本人が識別される保有個人データの利用目的の通知を求められたときは、すでに利用目的を本人の知り得る状態に置いており、利用目的が明らかである場合でも、本人に対し、遅滞なく、これを通知しなければならない。

　　　　ア．正しい　　イ．誤っている

解説 ▶▶ 保有個人データに関する利用目的の通知の義務

法24条2項は、個人情報取扱事業者は、本人から、当該本人が識別される保有個人データの利用目的の通知を求められたときであっても、本人に対し、遅滞なく、これを通知しなくてもよい場合を定めている。そして、法24条2項1号は、法24条1項に基づく措置により、当該本人が識別される保有個人データの利用目的が明らかな場合を挙げている。

解答 ▶▶ イ

問題 15 個人情報取扱事業者が、苦情の適切かつ迅速な処理に努めなければならないとされている対象は、「個人データ」ではなく、「個人情報」の取扱いに関するすべての苦情である。

　　　　ア．正しい　　イ．誤っている

解説 ▶▶ 保有個人データの開示等の求めに応じる手続

個人情報取扱事業者は、個人情報の取扱いに関する苦情の適切かつ迅速な処理に努めなければならない（法31条1項）。ここで、個人情報取扱事業者が、苦情の適切かつ迅速な処理に努めなければならないとされている対象は、「個人データ」ではなく、「個人情報」の取扱いに関するすべての苦情である。

解答 ▶▶ ア

■ 次の問に対応するものを、各選択肢（ア～エ）から1つ選びなさい。

問題 16 以下のA欄の各記述はOECD8原則に関するものであり、B欄の各記述は個人情報保護法の規定である。アからエまでのA欄の記述とB欄の記述の組合せのうち、対応関係として誤っているものはどれか。

	A：OECD8原則	B：個人情報保護法の規定
ア	目的明確化の原則	個人情報取扱事業者は、個人情報を取り扱うに当たっては、その利用の目的をできる限り特定しなければならない。（15条1項）
イ	利用制限の原則	個人情報取扱事業者は、あらかじめ本人の同意を得ないで、前条の規定により特定された利用目的の達成に必要な範囲を超えて、個人情報を取り扱ってはならない。（16条1項）
ウ	個人参加の原則	個人情報取扱事業者は、その取り扱う個人データの漏えい、滅失又はき損の防止その他の個人データの安全管理のために必要かつ適切な措置を講じなければならない。（20条）
エ	公開の原則	個人情報取扱事業者は、保有個人データに関し、次に掲げる事項について、本人の知り得る状態に置かなければならない。（24条1項）

解説 ▶▶ OECD8原則

本問は、日本の個人情報保護法にも影響を及ぼしているOECD8原則についての理解を問うものである。

ア 正しい。　OECD8原則のうち、収集目的を明確にし、データ利用は収集目的に合致すべきとする「目的明確化の原則」は、個人情報保護法上の利用目的の特定（法15条）等に反映されている。従って、本対応関係は正しい。

イ 正しい。　OECD8原則のうち、データ主体の同意がある場合又は法律の規定による場合以外は、個人データを目的以外に使ってはならないとする「利用制限の原則」は、個人情報保護法上の利用目的の制限（法16条）等に反映されている。従って、本対応関係は正しい。

ウ 誤り。　OECD8原則のうち、自己に関するデータの所在及び内容を確認させ、又は異議申立てを保証すべきであるとする「個人参加の原則」は、個人情報保護法上の保有個人データの開示（法25条）等に反映されている。なお、安全管理措置（法20条）に反映されているのは、合理的安全保護措置により、紛失・破壊・使用・修正・開示等から保護するべきとする「安全保護の原則」である。従って、本対応関係は誤っている。

エ 正しい。　OECD8原則のうち、データ収集の実施方法等を公開し、データの存在、利用目的、管理者等を明示すべきとする「公開の原則」は、個人情報保護法上の保有個人データに関する事項の公表（法24条）等に反映されている。従って、本対応関係は正しい。

解答 ▶▶ ウ

問題17 個人情報保護法制定の経緯・社会的背景に関する以下のアからエまでの記述のうち、誤っているものを1つ選びなさい。

ア．個人情報保護法制定の社会的背景として、我が国の公的部門における電子政府・電子自治体の構築が挙げられる。

イ．個人情報保護法が制定される前には、我が国において、個人情報保護について定めた法律は存在しなかった。

ウ．個人情報保護法制定の社会的背景として、高度情報通信社会の進展に伴い個人情報の利用が著しく拡大したことが挙げられる。

エ．個人情報保護法は消費者庁の所管である。

解説 ▶▶ 個人情報保護法制定の経緯・社会的背景

本問は、個人情報保護法制定の経緯・社会的背景についての理解を問うものである。

ア 正しい。 個人情報保護法制定の社会的背景として、我が国における官民通じたIT社会の急速な発展が挙げられる。その内容の一つとして、我が国の公的部門における電子政府・電子自治体の構築が挙げられる。従って、本記述は正しい。

イ 誤 り。 個人情報保護法が制定される前にも、1988年に公布された公的機関を対象とした「行政機関の保有する電子計算機処理に係る個人情報の保護に関する法律」等の法律が存在した。従って、本記述は誤っている。

ウ 正しい。 個人情報保護法制定の社会的背景として、高度情報通信社会の進展に伴い個人情報の利用が著しく拡大したことが挙げられる。従って、本記述は正しい。

エ 正しい。 平成21年9月の消費者庁の発足に伴い、個人情報保護法は消費者庁の所管となった。従って、本記述は正しい。

解答 ▶▶ イ

問題 18

行政機関の保有する個人情報の保護に関する法律(行政機関個人情報保護法)に関する以下のアからエまでの記述のうち、誤っているものを1つ選びなさい。

ア. 行政機関個人情報保護法は、その目的として、行政機関において個人情報の利用が拡大していることにかんがみ、行政機関における個人情報の取扱いに関する基本的事項を定めることにより、行政の適正かつ円滑な運営を図りつつ、個人の権利利益を保護することを挙げている。

イ. 行政機関は、個人情報を保有するに当たっては、法令の定める所掌事務を遂行するため必要な場合に限り、かつ、その利用の目的をできる限り特定しなければならないとされている。

ウ. 個人情報の取扱いに従事する行政機関の職員は、その業務に関して知り得た個人情報の内容をみだりに他人に知らせ、又は不当な目的に利用してはならない。

エ. 行政機関の長に対し、当該行政機関の保有する自己を本人とする保有個人情報の開示を請求する者は、口頭で請求を行うことができる。

解説 ▶▶ 行政機関個人情報保護法

行政機関における個人情報の保護に関しては、行政機関の保有する個人情報の保護に関する法律(行政機関個人情報保護法)が制定されている。本問は、行政機関個人情報保護法についての理解を問うものである。

ア 正しい。 行政機関個人情報保護法1条は、その目的として、行政機関において個人情報の利用が拡大していることにかんがみ、行政機関における個人情報の取扱いに関する基本的事項を定めることにより、行政の適正かつ円滑な運営を図りつつ、個人の権利利益を保護することを定めている。従って、本記述は正しい。

イ 正しい。 行政機関は、個人情報を保有するに当たっては、法令の定める所掌事務を遂行するため必要な場合に限り、かつ、その利用の目的をできる限り特定しなければならないとされている(同法3条1項)。従って、本記述は正しい。

ウ 正しい。 個人情報の取扱いに従事する行政機関の職員は、その業務に関して知り得た個人情報の内容をみだりに他人に知らせ、又は不当な目的に利用してはならないとされている(同法7条)。従って、本記述は正しい。

エ 誤り。 何人も、行政機関個人情報保護法の定めるところにより、行政機関の長に対し、当該行政機関の保有する自己を本人とする保有個人情報の開示を請求することができるとされている(同法12条1項)。しかし、この開示請求は、同法13条1項各号に掲げる事項を記載した書面(開示請求書)を行政機関の長に提出してしなければならない(同法13条1項)。従って、本記述は誤っている。

解答 ▶▶ エ

以下のアからエまでの記述のうち、ISMS適合性評価制度（以下、ISMS制度という。）に関する【問題文A】から【問題文C】の内容として正しいものを1つ選びなさい。

【問題文A】ISMS制度は、国際的に整合性のとれた情報セキュリティマネジメントシステムに対する第三者認証制度であり、この制度は我が国の情報セキュリティ全体の向上に貢献するとともに、諸外国からも信頼を得られる情報セキュリティを達成し、維持することを目的としている。

【問題文B】ISMS制度を取得するメリットとしては、対外的には、情報セキュリティの信頼性の確保や、顧客や取引先からのセキュリティに関する要求事項への対応などを挙げることができ、内部的には、事業競争力の強化につながることや、入札条件や電子商取引への参加の条件整備などを挙げることができる。

【問題文C】ISMS制度は、認証機関（組織が構築したISMSがJIS Q 27001に適合しているか審査し登録する機関）、要員認証機関（審査員の資格を付与する機関）、認定機関（これら各機関がその業務を行う能力を備えているかをみる機関）からなる、総合的な仕組みによって運用されている。

ア． Aのみ誤っている。
イ． Bのみ誤っている。
ウ． Cのみ誤っている。
エ． すべて正しい。

解説 ▶▶ ISMS適合性評価制度

本問は、我が国の情報セキュリティ全体の向上に貢献するとともに、諸外国からも信頼を得られる情報セキュリティレベルの達成・維持を目的とする、国際的に整合性のとれた情報セキュリティマネジメントシステムに対する第三者認証制度であるISMS（Information Security Management System）適合性評価制度についての理解を問うものである。

A 正しい。 ISMS制度は、国際的に整合性のとれた情報セキュリティマネジメントシステムに対する第三者認証制度であり、この制度は我が国の情報セキュリティ全体の向上に貢献するとともに、諸外国からも信頼を得られる情報セキュリティを達成し、維持することをも目的としている。従って、本記述は正しい。

B 正しい。 ISMS制度を取得するメリットとしては、対外的には、情報セキュリティの信頼性の確保や、顧客や取引先からのセキュリティに関する要求事項への対応などを挙げることができ、内部的には、事業競争力の強化につながることや、入札条件や電子商取引への参加の条件整備などを挙げることができる。従って、本記述は正しい。

C 正しい。 ISMS制度は、認証機関（組織が構築したISMSがJIS Q 27001に適合しているか審査し登録する機関）、要員認証機関（審査員の資格を付与する機関）、認定機関（これら各機関がその業務を行う能力を備えているかをみる機関）からなる、総合的な仕組みによって運用されている。従って、本記述は正しい。

以上により、問題文ＡＢＣはすべて正しい。従って、正解は肢エとなる。

解答 ▶▶ エ

問題20 プライバシーマーク制度に関する以下のアからエまでの記述のうち、誤っているものを1つ選びなさい。

ア.プライバシーマーク制度は、日本工業規格のJIS Q 15001の適合性を評価する制度である。

イ.プライバシーマーク付与を受けた事業者は、個別の登録番号を付され、プライバシーマークを付与された範囲で店頭、契約約款、ホームページ等に表示することができる。

ウ.1回の認定によるプライバシーマーク付与の有効期間は2年間とされるが、それ以降は2年ごとに更新を行うことができる。

エ.プライバシーマーク付与は、事業者単位ではなく、事業者内部の営業部門などの単位で行われる。

解説 ▶▶ プライバシーマーク制度

本問は、個人情報保護に関する事業者の取組みの一環として用いられているプライバシーマーク制度についての理解を問うものである。

ア 正しい。 プライバシーマーク制度は、日本工業規格のJIS Q 15001の適合性を評価する制度である。適切な個人情報保護のための体制を整備している事業者に対し、その申請に基づいて、一般財団法人日本情報経済社会推進協会(JIPDEC)及びその指定審査機関が評価・認定し、その証として、プライバシーマークを付与している。従って、本記述は正しい。

イ 正しい。 プライバシーマーク付与を受けた事業者は、個別の登録番号を付され、プライバシーマークを付与された範囲でプライバシーマークの使用が認められ、店頭、契約約款、ホームページ等に表示することができる。従って、本記述は正しい。

ウ 正しい。 1回の認定によるプライバシーマーク付与の有効期間は2年間とされるが、それ以降は2年ごとに更新を行うことができる。従って、本記述は正しい。

エ 誤り。 プライバシーマーク付与の対象は、国内に活動拠点を持つ事業者であるが、プライバシーマーク付与は、法人単位である(なお、一定の要件を満たした医療法人等、学校法人等は、それぞれ一つの病院、一つの学校を付与認定の単位とすることが認められる)。従って、本記述は誤っている。

解答 ▶▶ エ

問題 21 いわゆる「過剰反応」に関する以下のアからエまでの記述のうち、誤っているものを1つ選びなさい。

ア．「平成25年度 個人情報の保護に関する法律施行状況の概要」には、法の定め以上に個人情報の提供を控えたりするなど、いわゆる「過剰反応」に対する取組状況がまとめられている。その中で、避難行動要支援者名簿の作成・活用に係る具体的手順、留意事項等を盛り込んだ「避難行動要支援者の避難行動支援に関する取組指針」（平成25年8月）を内閣府が策定・公表したことについて紹介されている。

イ．災害対策基本法が改正され、避難行動要支援者名簿の作成を市町村に義務付けるとともに、その作成に際し必要な個人情報を利用できることとされた。

ウ．個人情報保護法上、「法令に基づく場合」であれば、個人情報取扱事業者は、本人の同意なく、個人データを第三者に提供できるとされており、刑事事件の捜査に必要な事項についての報告の求めに応じることは、これに含まれるとされている。よって、これに応じないことは、いわゆる「過剰反応」ではないかと指摘されている。

エ．児童虐待を受けたと思われる児童を発見した者が福祉事務所や児童相談所に対して通告をする場合や、国勢調査などの基幹統計調査に関する報告義務は、「法令に基づく場合」に含まれず、個人データの第三者提供が原則としてできないことになっていることから、問題があると指摘されている。

解説 ▶▶ 個人情報保護における過剰反応の問題

個人情報保護法は、「個人の権利利益の保護」と「個人情報の有用性」のバランスの上に成り立っており、個人情報であるからといって何でも保護することは問題であると指摘されている。これは、個人情報保護に関するいわゆる「過剰反応」の問題であるとされるが、本問は、この過剰反応の問題の理解を問うものである。

ア 正しい。 「平成25年度 個人情報の保護に関する法律施行状況の概要」(平成26年10月公表)には、法の定め以上に個人情報の提供を控えたりするなど、いわゆる「過剰反応」に対する取組状況がまとめられている。その中で、避難行動要支援者名簿の作成・活用に係る具体的手順、留意事項等を盛り込んだ「避難行動要支援者の避難行動支援に関する取組指針」(平成25年8月)を内閣府が策定・公表したことが紹介されている。従って、本記述は正しい。

イ 正しい。 災害対策基本法は、平成25年に改正(平成26年4月1日施行)され、避難行動要支援者名簿の作成を市町村に義務付けるとともに、その作成に際し必要な個人情報を利用できることとされている(災害対策基本法49条の10以下)。従って、本記述は正しい。

ウ 正しい。 法23条1項1号は、「法令に基づく場合」においては、個人情報取扱事業者は、あらかじめ本人の同意を得ないで、個人データを第三者に対して提供することができる旨、規定している。この「法令に基づく場合」には、捜査に必要な事項についての報告の求めに応じる場合(刑事訴訟法197条2項)が含まれる。よって、これに応じないことは、いわゆる「過剰反応」ではないかと指摘されている。従って、本記述は正しい。

エ 誤り。 法23条1項1号は、「法令に基づく場合」においては、個人情報取扱事業者は、あらかじめ本人の同意を得ないで、個人データを第三者に対して提供することができる旨、規定している。この「法令に基づく場合」には、児童虐待を受けたと思われる児童を発見した者が福祉事務所や児童相談所に対して通告をする場合(児童虐待の防止等に関する法律6条1項)、国勢調査などの基幹統計調査に関する報告義務(統計法13条)などが含まれる。従って、本記述は誤っている。

解答 ▶▶ エ

問題22 以下の会話文は、平成27年9月9日に公布された個人情報保護法の改正法に関する情報太郎氏と弟の次郎氏の会話である。以下のアからエまでの下線部分の発言のうち、誤っているものを1つ選びなさい。

次郎：個人情報保護法の改正法が平成27年9月9日に公布されたと聞いたけれど、具体的にはどのような点が改正されたんだい？

太郎：まず、「個人情報」の定義が明確になったんだ。例えば、免許証の番号や指紋認識データなどについては、(ア)「個人識別符号が含まれるもの」として、「個人情報」に含まれることが明確になったんだ。また、(イ)現行法では、事業の用に供する個人情報データベース等を構成する個人情報によって識別される特定の個人の数の合計が5000を超えない者は、「個人情報取扱事業者」から除かれているけれども、そのような者も改正によって「個人情報取扱事業者」となり得ることになるみたいだよ。

次郎：なるほど。それは、すぐに施行されるのかい？

太郎：(ウ)さっき言った「個人情報」の定義の明確化や「個人情報取扱事業者」の範囲の変更については、公布の日から2年以内とされているよ。まだ先のことだけど、準備や対策は早めにしておいた方がいいね。

次郎：確かに。ところで、この前、個人番号の通知カードが送られてきたけれど、番号法と今回の個人情報保護法の改正とは、何か関連があるのかな。

太郎：(エ)番号法と今回の個人情報保護法の改正については、何も関連はないと思うよ。個人情報保護法は改正されたけれど、番号法は改正されていないしね。

次郎：そうなんだ。

解説 ▶▶ 個人情報保護法の改正

個人情報保護法の改正法は、平成27年9月9日に公布された。本問は、この個人情報保護法の改正法についての理解を問うものである。

ア 正しい。 今回の個人情報保護法の改正法では、個人情報の定義に「個人識別符号が含まれるもの」が加わっている（改正後2条1項2号）。この「個人識別符号」には、特定の個人の身体の一部の特徴を電子計算機の用に供するために変換した文字、番号、記号その他の符号であって、当該特定の個人を識別することができるものなどが含まれる（改正後2条2項）。具体的には、指紋認識データなどを指すものと考えられる。従って、本下線部は正しい。

イ 正しい。「個人情報取扱事業者」とは、個人情報データベース等を事業の用に供している者をいうが（法2条3項）、現行法においては、法2条3項5号及び個人情報の保護に関する法律施行令2条によって、「その事業の用に供する個人情報データベース等を構成する個人情報によって識別される特定の個人の数（中略）の合計が過去6月以内のいずれの日においても5000を超えない者」については「個人情報取扱事業者」から除かれるとされている。しかしながら、今回の個人情報保護法の改正法では、この法2条3項5号が削除されるため、5000を超えない事業者であっても、個人情報データベース等を事業の用に供している者は「個人情報取扱事業者」となり得ることとなった。従って、本下線部は正しい。

ウ 正しい。 今回の個人情報保護法の改正法は、何回かに分けて段階的に施行される。肢アや肢イにおける「個人情報」の定義の明確化や「個人情報取扱事業者」の範囲の変更については、公布の日から2年以内とされている（平成29年施行予定）。従って、本下線部は正しい。

なお、個人情報保護委員会の設置などの改正については、平成28年1月1日から施行される。

エ 誤り。 今回の個人情報保護法の改正法は、番号法の改正とともになされている。番号法は、個人情報保護法の特別法に位置付けられていることからも、番号法と個人情報保護法は関連があるものといえる。従って、本下線部は誤っている。

解答 ▶▶ エ

問題23 「個人情報」に関する以下のアからエまでの記述のうち、誤っているものを1つ選びなさい。

ア．個人の財産に関する情報は、「個人情報」に当たることがある。
イ．特定個人を識別できる情報が記述されていなくても、周知の情報を補って認識することにより特定の個人を識別できる情報は、「個人情報」に当たることがある。
ウ．暗号化等によって秘匿化されている情報は、「個人情報」に当たることがある。
エ．「個人情報」には、他の情報と容易に照合することができ、それにより特定の個人を識別することができるものが含まれるが、例えば、通常の作業範囲において、個人情報データベース等にアクセスし、照合することができる状態のみならず、他の事業者への照会を要する場合のように照合が困難な状態であっても、それにより特定の個人を識別することができるのであれば、「個人情報」に当たる。

解説 ▶ 個人情報（法2条1項）

「個人情報」とは、生存する個人に関する情報であって、当該情報に含まれる氏名、生年月日その他の記述等により特定の個人を識別することができるもの（他の情報と容易に照合することができ、それにより特定の個人を識別することができることとなるものを含む。）をいうと定義されている（法2条1項）。本問は、この「個人情報」についての理解を問うものである。

ア 正しい。「個人に関する情報」は、氏名、性別、生年月日等個人を識別する情報に限られず、個人の身体、財産、職種、肩書等の属性に関して、事実、判断、評価を表すすべての情報のことを指す。従って、個人の財産に関する情報は「個人情報」に当たることがある。従って、本記述は正しい。

イ 正しい。 特定個人を識別できる情報が記述されていなくても、周知の情報を補って認識することにより特定の個人を識別できる情報は、「個人情報」に当たることがある。従って、本記述は正しい。

ウ 正しい。「個人に関する情報」は暗号化等によって秘匿化されているか否かを問わない。このため、暗号化等によって秘匿化されている情報も、「個人情報」に当たることがある。従って、本記述は正しい。

エ 誤り。「個人情報」とは、生存する「個人に関する情報」であって、特定の個人を識別することができるもの（他の情報と容易に照合することができ、それにより特定の個人を識別することができることとなるものを含む。）をいうが、これは、例えば、通常の作業範囲において、個人情報データベース等にアクセスし、照合することができる状態をいい、他の事業者への照会を要する場合のように照合が困難な状態を除くものとされている。従って、本記述は誤っている。

解答 ▶ エ

問題24 「個人情報データベース等」に関する以下のアからエまでの記述のうち、誤っているものを1つ選びなさい。

ア. 人材派遣会社が、登録カードを氏名の五十音順に整理し、五十音順のインデックスを付してファイルしている場合は、「個人情報データベース等」に該当する。

イ. ユーザIDとユーザが利用した取引についてのログ情報が保管されている電子ファイル（ユーザIDを個人情報と関連付けて管理している場合）は、「個人情報データベース等」に該当しない。

ウ. 宅配便の送り状を受け付けた日付順に並べてファイリングしているが、特定の個人情報を容易に検索できる状態に整理していない場合には、「個人情報データベース等」に該当しない。

エ. アンケートの戻りはがきが、氏名、住所等により分類整理されていない状態である場合は、「個人情報データベース等」に該当しない。

解説 ▶▶ 個人情報データベース等（法2条2項、改正後2条4項）

「個人情報データベース等」とは、①特定の個人情報をコンピュータを用いて検索することができるように体系的に構成した、個人情報を含む集合物、または②コンピュータを用いていない場合であっても、カルテや指導要録等、紙面で処理した個人情報を一定の規則（たとえば五十音順等）に従って整理・分類し、特定の個人情報を容易に検索することができるよう、目次、索引、符号等を付し、他人によっても容易に検索可能な状態に置いているものをいう（法2条2項、改正後2条4項、個人情報の保護に関する法律施行令1条）。本問は、この「個人情報データベース等」についての理解を問うものである。

ア 正しい。　人材派遣会社が、登録カードを氏名の五十音順に整理し、五十音順のインデックスを付してファイルしている場合は、他人によっても容易に検索可能な状態に置いているものであり、上記②の要件を満たすので「個人情報データベース等」に該当する。従って、本記述は正しい。

イ 誤り。　ユーザIDとユーザが利用した取引についてのログ情報が保管されている電子ファイル（ユーザIDを個人情報と関連付けて管理している場合）は、上記要件①を満たすので、「個人情報データベース等」に該当する。従って、本記述は誤っている。

ウ 正しい。　宅配便の送り状を受け付けた日付順に並べてファイリングしても、特定の個人情報を容易に検索できる状態に整理していない場合には、他人によっても容易に検索可能な状態に置いていないので、上記②の要件を満たさず、「個人情報データベース等」に該当しない。従って、本記述は正しい。

エ 正しい。　アンケートの戻りはがきが、氏名、住所等により分類整理されていない状態である場合は、特定の個人情報を他人によっても容易に検索可能な状態に置いていないので、上記②の要件を満たさず、「個人情報データベース等」に該当しない。従って、本記述は正しい。

解答 ▶▶ イ

問題 25 個人情報の利用目的による制限に関する以下のアからエまでの記述のうち、誤っているものを1つ選びなさい。

ア. 個人情報取扱事業者が、利用目的の達成に必要な範囲を超えて個人情報を取り扱うに当たり、本人の同意を得るために個人情報を利用してメールの送付や電話をすることは、当初の利用目的として記載されていない場合は、目的外利用に当たる。

イ. 個人情報取扱事業者が、合併により他の個人情報取扱事業者から事業の承継をすることに伴って個人情報を取得した場合、当該個人情報を、承継前における当該個人情報の利用目的の達成に必要な範囲内で取り扱う場合は、目的外利用にはならず、本人の同意を得る必要はない。

ウ. 個人情報取扱事業者が、本人の急病その他の事態時に、その血液型や家族の連絡先等の個人情報を医師や看護師に提供する場合、あらかじめ本人の同意を得る必要はない。

エ. 個人情報取扱事業者が、警察の任意の求めに応じて個人情報を提出する場合、あらかじめ本人の同意を得る必要はない。

解説 ▶▶ 利用目的による制限（法16条）

個人情報保護法16条1項は、個人情報取扱事業者は、原則として、あらかじめ本人の同意を得ないで利用目的の達成に必要な範囲を超えて個人情報を取り扱ってはならないと規定している。また、法16条2項は、事業承継の場合における利用目的による制限を、法16条3項は、利用目的による制限についての適用除外について規定している。本問は、この利用目的による制限とその適用除外についての理解を問うものである。

ア 誤り。 個人情報取扱事業者が、利用目的の達成に必要な範囲を超えて個人情報を取り扱うに当たり、本人の同意を得るために個人情報を利用すること（メールの送付や電話をかけること等）は、当初の利用目的として記載されていない場合でも、目的外利用には当たらないとされている。従って、本記述は誤っている。

イ 正しい。 個人情報取扱事業者は、合併その他の事由により他の個人情報取扱事業者から事業を承継することに伴って個人情報を取得した場合は、あらかじめ本人の同意を得ないで、承継前における当該個人情報の利用目的の達成に必要な範囲を超えて、当該個人情報を取り扱ってはならない（法16条2項）。よって、承継前の利用目的の達成に必要な範囲内で取り扱う場合は目的外利用にはならず、本人の同意を得る必要はない。従って、本記述は正しい。

ウ 正しい。 法16条3項各号は、個人情報取扱事業者が、利用目的の達成に必要な範囲を超えて個人情報を取り扱う場合に、例外的にあらかじめ本人の同意を得なくてもよい場合を定めている。このうち、2号は「人の生命、身体又は財産の保護のために必要がある場合であって、本人の同意を得ることが困難であるとき」を挙げている。このため、個人情報取扱事業者が、本人の急病その他の緊急事態時に、その血液型や家族の連絡先等の個人情報を医師や看護師に提供する場合には、あらかじめ本人の同意を得る必要はない。従って、本記述は正しい。

エ 正しい。 法16条3項4号は、例外的にあらかじめ本人の同意を得なくてもよい場合として、「国の機関若しくは地方公共団体又はその委託を受けた者が法令の定める事務を遂行することに対して協力する必要がある場合であって、本人の同意を得ることにより当該事務の遂行に支障を及ぼすおそれがあるとき」を挙げている。このため、個人情報取扱事業者が、警察の任意の求めに応じて個人情報を提出する場合には、あらかじめ本人の同意を得る必要はない。従って、本記述は正しい。

解答 ▶▶ ア

問題26 以下のアからエまでの記述のうち、個人情報の適正な取得に関する【問題文A】から【問題文C】の内容として正しいものを1つ選びなさい。

【問題文A】個人情報取扱事業者が、親の同意なく、十分な判断能力を有していない子どもから、取得状況から考えて関係のない親の収入事情などの家族の個人情報を取得した場合、不正の手段により個人情報を取得したといえる。

【問題文B】個人情報取扱事業者が、不正の手段で個人情報が取得されたことを知り、又は容易に知ることができたにもかかわらず、当該個人情報を取得した場合、不正の手段により個人情報を取得したといえる。

【問題文C】個人情報取扱事業者は、第三者からの提供により、個人情報を取得する場合には、原則として、提供元の法の遵守状況を確認し、個人情報を適切に管理している者を提供元として選定するとともに、実際に個人情報を取得する際には、当該個人情報の取得方法等を確認した上で、それが適法に取得されたことが確認できない場合は、その取得を自粛することを含め、慎重に対応することが望ましい。

ア．Aのみ誤っている。
イ．Bのみ誤っている。
ウ．Cのみ誤っている。
エ．すべて正しい。

解説 ▶▶ 適正な取得（法17条）

個人情報保護法は、法17条で、個人情報取扱事業者は、偽りその他不正の手段により個人情報を取得してはならないと定めている。本問は、この適正な取得についての理解を問うものである。

A 正しい。 個人情報取扱事業者が、親の同意がなく、十分な判断能力を有していない子どもから、取得状況から考えて関係のない親の収入事情などの家族の個人情報を取得した場合、不正の手段により個人情報を取得したといえる。従って、本記述は正しい。

B 正しい。 個人情報取扱事業者が、不正の手段で個人情報が取得されたことを知り、又は容易に知ることができたにもかかわらず、当該個人情報を取得した場合、不正の手段により個人情報を取得したといえる。従って、本記述は正しい。

C 正しい。 個人情報取扱事業者は、第三者からの提供により、個人情報を取得する場合には、原則として、提供元の法の遵守状況（例えば、オプトアウト、利用目的、開示手続、問合わせ・苦情の受付窓口を公表していることなど）を確認し、個人情報を適切に管理している者を提供元として選定する必要がある。そして、実際に個人情報を取得する際には、例えば、取得の経緯を示す契約書等の書面を点検する等により、当該個人情報の取得方法等を確認した上で、当該個人情報が適法に取得されたことが確認できない場合は、偽りその他不正の手段により取得されたものである可能性もあることから、その取得を自粛することを含め、慎重に対応することが望ましい。従って、本記述は正しい。

以上により、問題文ＡＢＣはすべて正しい。従って、正解は肢エとなる。

解答 ▶▶ エ

問題27 個人情報の取得に際しての利用目的の通知・公表に関する以下のアからエまでの記述のうち、誤っているものを1つ選びなさい。

ア. 個人情報取扱事業者は、インターネット上で本人が自発的に公にしている個人情報を取得する場合には、あらかじめその利用目的を公表していなくても、その利用目的を、本人に通知し、又は公表する必要はない。

イ. 個人情報取扱事業者は、個人情報を取得した場合は、あらかじめその利用目的を公表している場合を除き、速やかに、その利用目的を、本人に通知し、又は公表しなければならないが、ここでいう「公表」とは、広く一般に自己の意思を知らせることをいい、例えば、自社のウェブ画面中のトップページから1回程度の操作で到達できる場所への掲載はこれに当たる。

ウ. 個人情報取扱事業者は、いわゆる総会屋等による不当要求等の被害を防止するため、当該総会屋担当者個人に関する情報を取得し、相互に情報交換を行っている場合で、利用目的を通知又は公表することにより、当該総会屋等の逆恨みにより、第三者たる情報提供者が被害を被るおそれがある場合、その利用目的を、本人に通知し、又は公表しなくてもよい。

エ. 個人情報取扱事業者は、通知又は公表される利用目的の内容により、当該個人情報取扱事業者が行う新商品等の開発内容、営業ノウハウ等の企業秘密にかかわるようなものが明らかになる場合、その利用目的を、本人に通知し、又は公表しなくてもよい。

解説 ▶▶ 取得に際しての利用目的の通知・公表(法18条)

個人情報保護法18条は、個人情報取扱事業者が個人情報を取得した場合の利用目的の通知・公表等について定めている。本問は、この取得に際しての利用目的の通知・公表についての理解を問うものである。

ア 誤り。 個人情報取扱事業者は、インターネット上で本人が自発的に公にしている個人情報を取得する場合であっても、あらかじめその利用目的を公表している場合を除き、速やかに、その利用目的を、本人に通知し、又は公表しなければならない(法18条1項)。従って、本記述は誤っている。

イ 正しい。 個人情報取扱事業者は、個人情報を取得した場合は、あらかじめその利用目的を公表している場合を除き、速やかに、その利用目的を、本人に通知し、又は公表しなければならない(法18条1項)。ここでいう「公表」とは、広く一般に自己の意思を知らせること(国民一般その他不特定多数の人々が知ることができるように発表すること)をいい、例えば、自社のウェブ画面中のトップページから1回程度の操作で到達できる場所への掲載はこれに当たる。従って、本記述は正しい。

ウ 正しい。 法18条4項各号は、個人情報取扱事業者が個人情報の取得に際して、例外的に利用目的を本人に通知し、又は公表しなくてもよい場合を定めている。このうち1号は、「利用目的を本人に通知し、又は公表することにより本人又は第三者の生命、身体、財産その他の権利利益を害するおそれがある場合」を挙げている。いわゆる総会屋等による不当要求等の被害を防止するため、当該総会屋担当者個人に関する情報を取得し、相互に情報交換を行っている場合で、利用目的を通知又は公表することにより、当該総会屋等の逆恨みにより、第三者たる情報提供者が被害を被るおそれがある場合はこれに当たる。従って、本記述は正しい。

エ 正しい。 法18条4項各号は、個人情報取扱事業者が個人情報の取得に際して、例外的に利用目的を本人に通知し、又は公表しなくてもよい場合を定めている。このうち2号は、「利用目的を本人に通知し、又は公表することにより当該個人情報取扱事業者の権利又は正当な利益を害するおそれがある場合」を挙げている。通知又は公表される利用目的の内容により、当該個人情報取扱事業者が行う新商品等の開発内容、営業ノウハウ等の企業秘密にかかわるようなものが明らかになる場合はこれに当たる。従って、本記述は正しい。

解答 ▶▶ ア

問題28 個人情報の利用目的の通知・公表等に関する以下のアからエまでの記述のうち、誤っているものを1つ選びなさい。

ア.個人情報取扱事業者は、個人情報を取得する場合は、あらかじめその利用目的を公表していることが望ましいが、公表していない場合は、原則として、取得後速やかに、その利用目的を、本人に通知するか、又は公表しなければならない。

イ.個人情報取扱事業者は、個人情報の取扱いの委託を受けて、個人情報を取得する場合、あらかじめその利用目的を公表している場合を除き、原則として、速やかに、その利用目的を、本人に通知し、又は公表しなければならない。

ウ.個人情報取扱事業者は、アンケートに記載された個人情報を直接本人から取得する場合は、あらかじめ、本人に対し、その利用目的を明示する必要はない。

エ.公開手配を行わないで、被疑者に関する個人情報を、警察から被疑者の立ち回りが予想される個人情報取扱事業者に限って提供する場合、警察から受け取った当該個人情報取扱事業者が、利用目的を本人に通知し、又は公表することにより、捜査活動に重大な支障を及ぼすおそれがある場合は、当該個人情報取扱事業者は、あらかじめその利用目的を公表していない場合でも、速やかに本人にその利用目的を通知・公表する必要はない。

解説 ▶▶ 取得に際しての利用目的の通知・公表等（法18条）

個人情報保護法18条1項は、個人情報取扱事業者は、個人情報を取得した場合は、あらかじめその利用目的を公表している場合を除き、速やかに、その利用目的を、本人に通知し、又は公表しなければならないと定めている。また、法18条2項は、直接書面等により取得する場合は、原則として、あらかじめ、本人に対し、その利用目的を明示しなければならないと定めている。本問は、この取得に際しての利用目的の通知・公表等についての理解を問うものである。

ア 正しい。 個人情報取扱事業者は、個人情報を取得した場合は、あらかじめその利用目的を公表している場合を除き、原則として、速やかに、その利用目的を、本人に通知し、又は公表しなければならない（法18条1項）。従って、本記述は正しい。

イ 正しい。 個人情報取扱事業者は、個人情報の取扱いの委託を受けて、個人情報を取得する場合も、あらかじめその利用目的を公表している場合を除き、原則として、速やかに、その利用目的を、本人に通知し、又は公表しなければならない（法18条1項）。従って、本記述は正しい。

ウ 誤り。 個人情報取扱事業者は、アンケートに記載された個人情報を直接本人から取得する場合のように、直接書面等により個人情報を取得する場合は、あらかじめ、本人に対し、その利用目的を明示しなければならない（法18条2項）。従って、本記述は誤っている。

エ 正しい。 個人情報取扱事業者が、個人情報の取得に際して、例外的に利用目的を本人に通知し、又は公表しなくてもよい場合として、「国の機関又は地方公共団体が法令の定める事務を遂行することに対して協力する必要がある場合であって、利用目的を本人に通知し、又は公表することにより当該事務の遂行に支障を及ぼすおそれがあるとき」がある（法18条4項3号）。公開手配を行わないで、被疑者に関する個人情報を、警察から被疑者の立ち回りが予想される個人情報取扱事業者に限って提供する場合、警察から受け取った当該個人情報取扱事業者が、利用目的を本人に通知し、又は公表することにより、捜査活動に重大な支障を及ぼすおそれがある場合はこれに当たる。従って、本記述は正しい。

解答 ▶▶ ウ

次の文章は、個人情報保護法違反の有無が問題となる事例である。次のアからエまでの記述のうち、【事例A】から【事例C】の内容として正しいものを1つ選びなさい。

【事例A】スポーツシューズを購入しようと思い、あるスポーツ用品販売店に行ったところ、「今、メール会員登録をすると、新商品・サービスに関する情報をメールでお知らせします」と言われたので、登録票にメールアドレスの他、氏名、性別、生年月日、好きなスポーツを記入して手渡した。後日、そのスポーツ用品販売店は、「新商品・サービスに関する情報のお知らせ」という利用目的に「既存の商品・サービスに関する情報のお知らせ」を追加し、本人（メール会員登録者）に対して、利用目的を追加する旨の通知をした。

【事例B】ある本を取り寄せて購入しようと思い、書店に行って取り寄せを依頼したところ、書店の店員に「入荷次第ご連絡いたします」と言われたので、取り寄せ伝票に氏名と電話番号を記入して手渡した。

【事例C】あるメーカーの新シーズンのカタログを入手しようと思い、そのメーカーのインターネットサイトに接続し、サイト内のトップページに明記されたプライバシーポリシーに目を通した上で、サイト内の請求用ページにある入力フォームに郵送先の住所と氏名を記入し、送信するボタンを押した。

ア．事例Aのみ、個人情報保護法に違反する内容を含む。
イ．事例Bのみ、個人情報保護法に違反する内容を含む。
ウ．事例Cのみ、個人情報保護法に違反する内容を含む。
エ．事例ABCはすべて、個人情報保護法に違反する内容を含まない。

解説 ▶▶ 利用目的の変更・直接書面等による取得

個人情報保護法は、法15条2項において利用目的の変更を、法18条3項において利用目的の変更の際の通知・公表を、法18条2項において直接書面等による取得を定めている。本問は、これらの規定についての理解を問うものである。

A 違反しない。　個人情報取扱事業者は、利用目的を変更する場合には、変更前の利用目的と相当の関連性を有すると合理的に認められる範囲を超えて行ってはならない（法15条2項）。そして、社会通念上、本人が想定することが困難でないと認められる範囲内で変更することは可能であると解される。本事例のような場合、「新商品・サービスに関する情報のお知らせ」という利用目的に「既存の商品・サービスに関する情報のお知らせ」を追加することは、変更前の利用目的と相当の関連性を有すると合理的に認められる範囲内での変更であるといえる。
　次に、個人情報取扱事業者は、利用目的を変更した場合は、変更された利用目的について、本人に通知し、又は公表しなければならない（法18条3項）。本事例においては、利用目的を追加する旨の通知をしている。
　従って、本事例は、個人情報保護法に違反する内容を含まない。

B 違反しない。　法18条2項は、個人情報取扱事業者は、本人との間で契約を締結することに伴って、書面等により直接本人から個人情報を取得する場合には、あらかじめ本人に対し、その利用目的を明示しなければならないと定めている。本事例においては、店員により、入荷連絡のためという利用目的が明示されている。従って、本事例は、個人情報保護法に違反する内容を含まない。

C 違反しない。　法18条2項は、個人情報取扱事業者は、本人との間で契約を締結することに伴って、書面等により直接本人から個人情報を取得する場合には、あらかじめ本人に対し、その利用目的を明示しなければならないと定めている。本事例においては、サイト内のトップページにプライバシーポリシーが明記されており、個人情報の利用目的が明示されているといえる。従って、本事例は、個人情報保護法に違反する内容を含まない。

以上により、事例ABCはすべて、個人情報保護法に違反する内容を含まない。従って、正解は肢エとなる。

解答 ▶▶ エ

問30 次のアからエまでの記述のうち、個人情報保護法19条に規定される正確性の確保に関する【問題文A】から【問題文C】の内容として正しいものを1つ選びなさい。

【問題文A】個人情報取扱事業者は、「個人データ」のみならず、広く「個人情報」すべてについて、正確性の確保に努めなければならない。

【問題文B】個人情報取扱事業者が、正確かつ最新の内容に保つための手段として、保存期間の設定が挙げられる。

【問題文C】個人情報取扱事業者が、正確かつ最新の内容に保つための手段として、記録事項の更新が挙げられる。

ア．Aのみ誤っている。
イ．Bのみ誤っている。
ウ．Cのみ誤っている。
エ．すべて正しい。

解説 ▶▶ 正確性の確保（法19条）

個人情報保護法19条は、個人情報取扱事業者は、利用目的の達成に必要な範囲内において、個人データを正確かつ最新の内容に保つよう努めなければならないと定めている。本問は、この正確性の確保についての理解を問うものである。

A 誤り。 法19条は、個人情報取扱事業者は、利用目的の達成に必要な範囲内において、「個人データ」を正確かつ最新の内容に保つよう努めなければならないと定めている。すなわち、個人情報保護法が、正確かつ最新の内容に保つよう努めなければならないと規定しているものは「個人情報」ではなく、「個人データ」に限定されている。従って、本記述は誤っている。

B 正しい。 個人情報取扱事業者が、個人データを正確かつ最新の内容に保つための手段の1つとして、保存期間の設定が挙げられる。従って、本記述は正しい。

C 正しい。 個人情報取扱事業者が、個人データを正確かつ最新の内容に保つための手段の1つとして、記録事項の更新が挙げられる。従って、本記述は正しい。

以上により、問題文BCは正しいが、Aは誤っている。従って、正解は肢アとなる。

解答 ▶▶ ア

問題 31 以下のアからエまでの記述のうち、安全管理措置に関する【問題文A】から【問題文C】までの内容として正しいものを１つ選びなさい。

【問題文A】個人情報取扱事業者が、組織的安全管理措置として講じなければならない事項として、個人データの安全管理措置を講じるための組織体制の整備がある。これを実践するために講じることが望まれる手法として、個人情報保護対策及び最新の技術動向を踏まえた情報セキュリティ対策に十分な知見を有する者が社内の対応を確認すること（必要に応じ、外部の知見を有する者を活用し確認することを含む）などによる、監査実施体制の整備が挙げられる。

【問題文B】個人情報取扱事業者が、人的安全管理措置として講じなければならない事項として、従業者に対する内部規程等の周知・教育・訓練の実施がある。これを実践するために講じることが望まれる手法として、従業者に対する必要かつ適切な教育・訓練が実施されていることの確認が挙げられる。

【問題文C】個人情報取扱事業者が、技術的安全管理措置として講じなければならない事項として、個人データのアクセスの記録がある。これを実践するために講じることが望まれる手法として、個人データへのアクセスや操作の成功と失敗の記録及び不正が疑われる異常な記録の存否の定期的な確認が挙げられる。

ア． Aのみ誤っている。
イ． Bのみ誤っている。
ウ． Cのみ誤っている。
エ． すべて正しい。

解説 ▶▶ 安全管理措置（法20条）

個人情報取扱事業者が講じるべき安全管理措置の種類は、組織的、人的、物理的、及び技術的安全管理措置の4つに分類される。本問は、この安全管理措置の分類についての理解を問うものである。

A 正しい。　組織的安全管理措置とは、安全管理について従業者（法21条参照）の責任と権限を明確に定め、安全管理に対する規程や手順書（以下「規程等」という。）を整備運用し、その実施状況を確認することをいう。組織的安全管理措置として講じなければならない事項として、個人データの安全管理措置を講じるための組織体制の整備がある。これを実践するために講じることが望まれる手法として、個人情報保護対策及び最新の技術動向を踏まえた情報セキュリティ対策に十分な知見を有する者が社内の対応を確認すること（必要に応じ、外部の知見を有する者を活用し確認することを含む）などによる、監査実施体制の整備が挙げられる。従って、本記述は正しい。

B 正しい。　人的安全管理措置とは、従業者に対する、業務上秘密と指定された個人データの非開示契約の締結や教育・訓練等を行うことをいう。人的安全管理措置として講じなければならない事項として、従業者に対する内部規程等の周知・教育・訓練の実施がある。これを実践するために講じることが望まれる手法として、従業者に対する必要かつ適切な教育・訓練が実施されていることの確認が挙げられる。従って、本記述は正しい。

C 正しい。　技術的安全管理措置とは、個人データ及びそれを取り扱う情報システムへのアクセス制御、不正ソフトウェア対策、情報システムの監視等、個人データに対する技術的な安全管理措置をいう。技術的安全管理措置として講じなければならない事項として、個人データのアクセスの記録がある。これを実践するために講じることが望まれる手法として、個人データへのアクセスや操作の成功と失敗の記録及び不正が疑われる異常な記録の存否の定期的な確認が挙げられる。従って、本記述は正しい。

以上により、問題文ABCはすべて正しい。従って、正解は肢エとなる。

解答 ▶▶ エ

問題32 安全管理措置に関する以下のアからエまでの記述のうち、誤っているものを1つ選びなさい。

ア．個人情報取扱事業者が、公開されることを前提としていない個人データが事業者のWeb画面上で不特定多数に公開されている状態を放置している場合、安全管理措置義務違反となり得る。

イ．個人データに対してアクセス制御が実施されておらず、アクセスを許可されていない従業者がそこから個人データを入手して漏えいした場合、安全管理措置義務違反となり得る。

ウ．委託する業務内容に対して必要のない個人データを提供し、委託先が個人データを漏えいした場合、安全管理措置義務違反となり得る。

エ．事業者において全く加工をしておらず、書店で誰もが容易に入手できる市販名簿を、廃品回収に出した場合、シュレッダー等による処理を行わなかったときは、安全管理措置義務違反となる。

解説 ▶▶ 安全管理措置（法20条）

個人情報保護法20条は、個人情報取扱事業者は、その取り扱う個人データの漏えい、滅失又はき損の防止その他の個人データの安全管理のために必要かつ適切な措置を講じなければならないと定めている。本問は、この安全管理措置についての理解を問うものである。

ア 正しい。 個人情報取扱事業者が、公開されることを前提としていない個人データが事業者のWeb画面上で不特定多数に公開されている状態を放置している場合、安全管理措置の義務違反となり得る。従って、本記述は正しい。

イ 正しい。 個人データに対してアクセス制御が実施されておらず、アクセスを許可されていない従業者がそこから個人データを入手して漏えいした場合、安全管理措置の義務違反となり得る。従って、本記述は正しい。

ウ 正しい。 委託する業務内容に対して必要のない個人データを提供し、委託先が個人データを漏えいした場合、安全管理措置の義務違反となり得る。従って、本記述は正しい。

エ 誤り。 書店で誰もが容易に入手できる市販名簿（事業者において全く加工をしていないもの）を処分するため、シュレッダー等による処理を行わずに廃棄し、又は、廃品回収に出した場合は、安全管理措置の義務違反とはならないとされている。従って、本記述は誤っている。

解答 ▶▶ エ

問題 33 安全管理措置に関する以下のアからエまでの記述のうち、誤っているものを1つ選びなさい。

ア. 個人情報取扱事業者は、その取り扱う個人データをバックアップした媒体が、持ち出しを許可されていない者により持ち出し可能な状態になっており、その媒体が持ち出されてしまった場合、必要かつ適切な安全管理措置を講じているとはいえない。

イ. クレジットカード情報が漏えいした場合、クレジットカード情報等の不正使用によるなりすまし購入などの二次被害が発生する可能性が高いため、クレジット販売関係事業者等は、クレジットカード情報等の安全管理措置を特に講じることが望ましい。

ウ. 本人が継続的にサービスを受けるために登録していた個人データが、システム障害により破損したが、採取したつもりのバックアップも破損しており、個人データを復旧できずに滅失又はき損し、本人がサービスの提供を受けられなくなった場合、必要かつ適切な安全管理措置を講じているとはいえない。

エ. 個人情報取扱事業者が、事業者において全く加工をしておらず、書店で誰もが容易に入手できる市販名簿を、シュレッダー等による処理を行わずに廃棄し、又は、廃品回収に出した場合は、必要かつ適切な安全管理措置を講じているとはいえない。

解説 ▶▶ 安全管理措置（法20条）

個人情報保護法20条は、個人情報取扱事業者は、その取り扱う個人データの漏えい、滅失又はき損の防止その他の個人データの安全管理のために必要かつ適切な措置を講じなければならないと定めている。本問は、この安全管理措置についての理解を問うものである。

ア 正しい。　個人情報取扱事業者は、その取り扱う個人データをバックアップした媒体が、持ち出しを許可されていない者により持ち出し可能な状態になっており、その媒体が持ち出されてしまった場合、必要かつ適切な安全管理措置を講じているとはいえない。従って、本記述は正しい。

イ 正しい。　クレジットカード情報が漏えいした場合、クレジットカード情報等の不正使用によるなりすまし購入などの二次被害が発生する可能性が高いため、クレジット販売関係事業者等（クレジットカード会社のほか、クレジットカード決済を利用した販売等を行う事業者及びクレジットカード決済を利用した販売等に係る業務を行う事業者並びにこれら事業者からクレジットカード情報等の取扱いを伴う業務の委託を受けている事業者）は、クレジットカード情報等の安全管理措置を特に講じることが望ましいとされている。例えば、クレジットカード読取端末からのクレジットカード情報等の漏えい防止措置を実施（クレジットカード読取端末にはスキミング防止のためのセキュリティ機能（漏えい防止措置等）を搭載する等）することが望ましいとされる。従って、本記述は正しい。

ウ 正しい。　本人が継続的にサービスを受けるために登録していた個人データが、システム障害により破損したが、採取したつもりのバックアップも破損しており、個人データを復旧できずに滅失又はき損し、本人がサービスの提供を受けられなくなった場合、必要かつ適切な安全管理措置を講じているとはいえない。従って、本記述は正しい。

エ 誤り。　個人情報取扱事業者が、書店で誰もが容易に入手できる市販名簿（事業者において全く加工をしていないもの）を処分するため、シュレッダー等による処理を行わずに廃棄し、又は、廃品回収に出した場合、必要かつ適切な安全管理措置を講じているといえる。従って、本記述は誤っている。

解答 ▶▶ エ

問題34 個人情報取扱事業者の従業者の監督に関する【問題文A】から【問題文C】の内容についての以下のアからエまでの記述のうち、正しいものを1つ選びなさい。

【問題文A】個人情報取扱事業者は、その従業者に個人データを取り扱わせるに当たっては、当該個人データの安全管理が図られるよう、当該従業者に対する必要かつ適切な監督を行わなければならない。

【問題文B】個人情報取扱事業者は、従業者が、個人データの安全管理措置を定める規程等に従って業務を行っていることを、あらかじめ定めた間隔で定期的に確認せず、結果、個人データが漏えいした場合、従業者に対して必要かつ適切な監督を行っていたとはいえない。

【問題文C】個人情報取扱事業者は、従業者が、内部規程等に違反して個人データが入ったノート型パソコンを繰り返し持ち出していたにもかかわらず、その行為を放置した結果、紛失し、個人データが漏えいした場合、従業者に対して必要かつ適切な監督を行っていたとはいえない。

ア． Aのみ誤っている。
イ． Bのみ誤っている。
ウ． Cのみ誤っている。
エ． すべて正しい。

解説 ▶▶ 従業者の監督（法21条）

個人情報保護法21条は、個人情報取扱事業者は、その従業者に個人データを取り扱わせるに当たっては、当該個人データの安全管理が図られるよう、当該従業者に対する必要かつ適切な監督を行わなければならないと定めている。本問は、この従業者の監督についての理解を問うものである。

A 正しい。　個人情報取扱事業者は、その従業者に個人データを取り扱わせるに当たっては、当該個人データの安全管理が図られるよう、当該従業者に対する必要かつ適切な監督を行わなければならない（法21条）。従って、本記述は正しい。

B 正しい。　個人情報取扱事業者は、従業者が、個人データの安全管理措置を定める規程等に従って業務を行っていることを、あらかじめ定めた間隔で定期的に確認せず、結果、個人データが漏えいした場合、従業者に対して必要かつ適切な監督を行っていたとはいえない。従って、本記述は正しい。

C 正しい。　個人情報取扱事業者は、従業者が、内部規程等に違反して個人データが入ったノート型パソコンを繰り返し持ち出していたにもかかわらず、その行為を放置した結果、紛失し、個人データが漏えいした場合、従業者に対して必要かつ適切な監督を行っていたとはいえない。従って、本記述は正しい。

以上により、問題文ＡＢＣはすべて正しい。従って、正解は肢エとなる。

解答 ▶▶ エ

問題 35

次のアからエまでの記述のうち、個人情報取扱事業者の従業者の監督に関する【問題文A】から【問題文C】の内容として正しいものを1つ選びなさい。

【問題文A】個人情報取扱事業者が、従業者の監督をするに当たっては、本人の個人データが漏えい、滅失又はき損等をした場合に本人が被る権利利益の侵害の大きさを考慮し、事業の性質及び個人データの取扱状況等に起因するリスクに応じ、必要かつ適切な措置を講じるものとされている。

【問題文B】個人情報取扱事業者が、必要かつ適切な監督を行うべき「従業者」とは、個人情報取扱事業者の組織内にあって直接間接に事業者の指揮監督を受けて事業者の業務に従事している者をいう。

【問題文C】個人情報取扱事業者は、従業者が、個人データの安全管理措置を定める規程等に従って業務を行っていることを、あらかじめ定めた間隔で定期的に確認せず、結果、個人データが漏えいした場合、従業者に対して必要かつ適切な監督を行っていたとはいえない。

ア．Aのみ誤っている。
イ．Bのみ誤っている。
ウ．Cのみ誤っている。
エ．すべて正しい。

解説 ▶ 従業者の監督（法21条）

個人情報保護法21条は、個人情報取扱事業者は、その従業者に個人データを取り扱わせるに当たっては、当該個人データの安全管理が図られるよう、当該従業者に対する必要かつ適切な監督を行わなければならないと定めている。本問は、この従業者の監督についての理解を問うものである。

A 正しい。　個人情報取扱事業者が、従業者の監督をするに当たっては、本人の個人データが漏えい、滅失又はき損等をした場合に本人が被る権利利益の侵害の大きさを考慮し、事業の性質及び個人データの取扱状況等に起因するリスクに応じ、必要かつ適切な措置を講じるものとされている。従って、本記述は正しい。

B 正しい。　個人情報取扱事業者が、必要かつ適切な監督を行うべき「従業者」とは、個人情報取扱事業者の組織内にあって直接間接に事業者の指揮監督を受けて事業者の業務に従事している者をいう。従って、本記述は正しい。

C 正しい。　個人情報取扱事業者は、従業者が、個人データの安全管理措置を定める規程等に従って業務を行っていることを、あらかじめ定めた間隔で定期的に確認せず、結果、個人データが漏えいした場合、従業者に対して必要かつ適切な監督を行っていたとはいえない。従って、本記述は正しい。

以上により、問題文ABCはすべて正しい。従って、正解は肢エとなる。

解答 ▶ エ

問題 36

個人情報取扱事業者の委託先の監督に関する以下のアからエまでの記述のうち、誤っているものを1つ選びなさい。

ア． 個人情報取扱事業者は、個人データの取扱いの全部又は一部を委託する場合は、その個人データの安全管理が図られるよう、委託先に対する必要かつ適切な監督を行わなければならない。ここでいう「必要かつ適切な監督」には、委託先を適切に選定すること、委託先に法20条に基づく安全管理措置を遵守させるために必要な契約を締結すること、委託先における委託された個人データの取扱状況を把握することが含まれる。

イ． 個人情報取扱事業者が個人データの取扱いを委託する場合に契約に盛り込むことが望まれる事項としては、委託先において、個人データを取り扱う者の氏名又は役職等が挙げられる。

ウ． 個人情報取扱事業者は、再委託の条件に関する指示を委託先に行わず、かつ、委託先の個人データの取扱状況の確認を怠り、委託先が個人データの処理を再委託し、結果、再委託先が個人データを漏えいした場合であっても、委託先に対して必要かつ適切な監督を行っていたといえる。

エ． 個人情報取扱事業者は、個人データの取扱いの全部又は一部を委託し、委託先が再委託を行おうとするときは、委託元である個人情報取扱事業者は、委託先が再委託する相手方、再委託する業務内容及び再委託先の個人データの取扱方法等について、委託先から事前報告又は承認を求めることが望ましい。

解説 ▶▶ 委託先の監督（法22条）

個人情報保護法22条は、個人情報取扱事業者は、個人データの取扱いの全部又は一部を委託する場合は、その取扱いを委託された個人データの安全管理が図られるよう、委託を受けた者に対する必要かつ適切な監督を行わなければならないと定めている。本問は、この委託先の監督についての理解を問うものである。

ア 正しい。 個人情報取扱事業者は、個人データの取扱いの全部又は一部を委託する場合は、その個人データの安全管理が図られるよう、委託先に対する必要かつ適切な監督を行わなければならない。ここでいう「必要かつ適切な監督」には、委託先を適切に選定すること、委託先に法20条に基づく安全管理措置を遵守させるために必要な契約を締結すること、委託先における委託された個人データの取扱状況を把握することが含まれる。従って、本記述は正しい。

イ 正しい。 個人情報取扱事業者が個人データの取扱いを委託する場合に契約に盛り込むことが望まれる事項としては、委託先において、個人データを取り扱う者の氏名又は役職等が挙げられる。従って、本記述は正しい。

ウ 誤り。 個人情報取扱事業者は、再委託の条件に関する指示を委託先に行わず、かつ、委託先の個人データの取扱状況の確認を怠り、委託先が個人データの処理を再委託し、結果、再委託先が個人データを漏えいした場合、委託先に対して必要かつ適切な監督を行っていたとはいえない。従って、本記述は誤っている。

エ 正しい。 個人情報取扱事業者が個人データの取扱いの全部又は一部を委託し、その委託先が再委託を行おうとする場合は、委託を行う場合と同様、委託元は、委託先が再委託する相手方、再委託する業務内容及び再委託先の個人データの取扱方法等について、委託先から事前報告又は承認を求める、及び委託先を通じて又は必要に応じて自らが、定期的に監査を実施する等により、委託先が再委託先に対して法22条の委託先の監督を適切に果たすこと、及び再委託先が法20条に基づく安全管理措置を講ずることを十分に確認することが望ましいとされている。従って、本記述は正しい。

解答 ▶▶ ウ

問題37

個人データの第三者への提供に関する以下のアからエまでの記述のうち、正しいものを1つ選びなさい。

ア. 個人情報取扱事業者が、グループ会社の間で個人データを交換する場合、原則として、あらかじめ本人の同意を得る必要はない。

イ. 個人情報取扱事業者が、フランチャイズ組織の本部と加盟店の間で個人データを交換する場合、原則として、あらかじめ本人の同意を得る必要はない。

ウ. 個人情報取扱事業者が、同一事業者内の他部門に個人データを提供することは、特定された利用目的の達成に必要な範囲を超える場合であっても、原則として、あらかじめ本人の同意を得る必要はない。

エ. 個人情報取扱事業者が、本人から同意を取得するに当たっては、事業の性質及び個人情報の取扱状況に応じ、本人が同意に係る判断を行うために必要と考えられる合理的かつ適切な範囲の内容を明確に示すこととされている。

解説 ▶▶ 個人データの第三者提供の制限（法23条1項）

個人情報保護法23条は、個人データを第三者に提供するときは、原則として、あらかじめ本人の同意を得なければならないと定めている。本問は、この個人データの第三者への提供についての理解を問うものである。

ア 誤り。 個人情報取扱事業者が、グループ会社の間で個人データを交換する場合、原則として、あらかじめ本人の同意を得る必要がある。従って、本記述は誤っている。

イ 誤り。 個人情報取扱事業者が、フランチャイズ組織の本部と加盟店の間で個人データを交換する場合、原則として、あらかじめ本人の同意を得る必要がある。従って、本記述は誤っている。

ウ 誤り。 個人情報取扱事業者が、同一事業者内の他部門に個人データを提供する場合、特定された利用目的の達成に必要な範囲内であれば、原則として、あらかじめ本人の同意を得る必要はない。もっとも、特定された利用目的の達成に必要な範囲を超える場合には、原則として、あらかじめ本人の同意を得る必要がある（法16条1項）。従って、本記述は誤っている。

エ 正しい。 個人情報取扱事業者が、本人から同意を取得するに当たっては、事業の性質及び個人情報の取扱状況に応じ、本人が同意に係る判断を行うために必要と考えられる合理的かつ適切な範囲の内容を明確に示すこととされている。従って、本記述は正しい。

解答 ▶▶ エ

問題38 次のアからエまでの記述のうち、個人データの第三者への提供に関する【問題文A】から【問題文C】の内容として正しいものを1つ選びなさい。

【問題文A】個人情報取扱事業者は、あらかじめ本人の同意を得ないで、個人データを第三者に提供してはならないが、同一事業者内で他部門へ個人データを提供することは、この第三者提供に当たらない。

【問題文B】個人情報取扱事業者が個人データを第三者に提供する場合、それが公衆衛生の向上又は児童の健全な育成の推進のために特に必要がある場合であって、本人の同意を得ることが困難であるときは、あらかじめ本人の同意を得る必要はない。

【問題文C】個人情報取扱事業者が、地方公共団体が行う統計調査に回答する場合、個人データを提供することについて、あらかじめ本人の同意を得る必要はない。

ア．Aのみ誤っている。
イ．Bのみ誤っている。
ウ．Cのみ誤っている。
エ．すべて正しい。

解説▶▶ 個人データの第三者への提供の制限（法23条1項）

個人情報保護法23条1項は、個人情報取扱事業者は、個人データを第三者に提供するときは、原則として、あらかじめ本人の同意を得なければならないと規定している。本問は、この個人データの第三者への提供についての理解を問うものである。

A 正しい。　個人情報取扱事業者は、原則として、あらかじめ本人の同意を得ないで、個人データを第三者に提供してはならない（法23条1項柱書）。そして、同一事業者内で他部門へ個人データを提供することは、この第三者提供に当たらない。従って、本記述は正しい。

B 正しい。　個人情報取扱事業者が個人データを第三者に提供する場合において、法23条1項3号は、「公衆衛生の向上又は児童の健全な育成の推進のために特に必要がある場合であって、本人の同意を得ることが困難であるとき。」は、例外的に、あらかじめ本人の同意を得る必要がない旨定めている。従って、本記述は正しい。

C 正しい。　個人情報取扱事業者が個人データを第三者に提供する場合において、法23条1項4号は、「国の機関若しくは地方公共団体又はその委託を受けた者が法令の定める事務を遂行することに対して協力する必要がある場合であって、本人の同意を得ることにより当該事務の遂行に支障を及ぼすおそれがあるとき。」は、例外的に、あらかじめ本人の同意を得る必要がない旨定めている。地方公共団体が行う統計調査に回答する場合はこれに当たるので、個人データを提供することについて、あらかじめ本人の同意を得る必要はない。従って、本記述は正しい。

以上により、問題文ＡＢＣはすべて正しい。従って、正解は肢エとなる。

解答▶▶ エ

問題 39

個人データの第三者への提供に当たり、あらかじめ、法の要求する事項すべてを、本人に通知し、又は本人が容易に知り得る状態に置いておくとともに、本人の求めに応じて第三者への提供を停止することを「第三者提供におけるオプトアウト」という。この「第三者提供におけるオプトアウト」に関する以下のアからエまでの記述のうち、誤っているものを1つ選びなさい。

ア. 個人情報取扱事業者が「第三者提供におけるオプトアウト」を行うに当たり、あらかじめ本人に通知し、又は本人が容易に知り得る状態に置いておかなければならない事項として、「本人の求めに応じて当該本人が識別される個人データの第三者への提供を停止すること」が挙げられる。

イ. 個人情報取扱事業者が「第三者提供におけるオプトアウト」を行うに当たり、あらかじめ本人に通知し、又は本人が容易に知り得る状態に置いておかなければならない事項として、「提供先である第三者の氏名又は名称」が挙げられる。

ウ. 個人情報取扱事業者が、「第三者提供におけるオプトアウト」の方式によって個人データを第三者へ提供する場合、提供の方法としてインターネットに掲載する方法を利用することも含まれる。

エ.「第三者提供におけるオプトアウト」により、入手した個人データを提供する場合、提供元の個人情報取扱事業者は、提供先に対して、その個人データの入手元を開示することを妨げるようなことは避けることが望ましい。

解説▶▶ 個人データの第三者提供の制限（オプトアウト）（法23条2項）

個人情報保護法23条2項は、「第三者提供におけるオプトアウト」を定めている。この「第三者提供におけるオプトアウト」とは、法23条2項各号に挙げられた事項について、あらかじめ、本人に通知し、又は本人が容易に知り得る状態に置いておくとともに、本人の求めに応じて個人データの第三者への提供を停止することとしている場合をいう。この「第三者提供におけるオプトアウト」を行っている場合には、本人の同意なく、当該個人データを第三者に提供することができる。本問は、この「第三者提供におけるオプトアウト」についての理解を問うものである。

ア 正しい。 法23条2項4号は、個人情報取扱事業者が「第三者提供におけるオプトアウト」を行うに当たり、あらかじめ本人に通知し、又は本人が容易に知り得る状態に置いておかなければならない事項として、「本人の求めに応じて当該本人が識別される個人データの第三者への提供を停止すること」を挙げている。従って、本記述は正しい。

イ 誤り。 法23条2項各号は、個人情報取扱事業者が「第三者提供におけるオプトアウト」を行うに当たり、あらかじめ本人に通知し、又は本人が容易に知り得る状態に置いておかなければならない事項を定めているが、この中には、提供先である第三者の氏名又は名称は挙げられていない。従って、本記述は誤っている。

ウ 正しい。 「第三者提供におけるオプトアウト」の方式によって個人データを第三者へ提供する場合の「提供」とは、個人データを利用可能な状態に置くことをいう。インターネットに掲載する方法を利用することもこの「提供」に当たる。従って、本記述は正しい。

エ 正しい。 オプトアウトの方法によって個人データを第三者に提供する場合、例えば、名簿等の入手元を明らかにしないことを条件に販売するなどのように、提供元の個人情報取扱事業者は、提供先に対して、その個人データの入手元を開示することを妨げるようなことは避けることが望ましい。従って、本記述は正しい。

解答▶▶イ

問題40 以下のアからエまでの記述のうち、個人データの共同利用に関する【問題文A】から【問題文C】の内容として正しいものを1つ選びなさい。

【問題文A】個人データの管理について責任を有する者は、利用目的の達成に必要な範囲内において、共同利用者間で利用している個人データを正確かつ最新の内容に保つよう努めなければならない。

【問題文B】個人データの共同利用において共同して利用する者の範囲を変更する場合、変更する内容について、あらかじめ、本人に通知し、又は本人が容易に知り得る状態に置くことで、変更することができる。

【問題文C】個人データの共同利用において当該個人データの管理について責任を有する者の氏名・名称を変更する場合、変更する内容について、あらかじめ、本人に通知し、又は本人が容易に知り得る状態に置くことで、変更することができる。

ア. Aのみ誤っている。
イ. Bのみ誤っている。
ウ. Cのみ誤っている。
エ. すべて正しい。

解説 ▶▶ 個人データの第三者への提供の制限（法23条4項3号・5項、改正後23条5項3号・6項）

個人情報保護法は、法23条1項で、個人データの第三者提供を制限しているが、法23条4項3号（改正後5項3号）は、個人データの共同利用で一定の要件を満たす場合には、当該個人データの提供を受ける者は「第三者」に当たらない旨を定めている。そして、法23条5項（改正後6項）は、個人データの管理について責任を有する者の氏名・名称等を変更する場合について定めている。本問は、この共同利用についての理解を問うものである。

A 正しい。 個人データの管理について責任を有する者は、利用目的の達成に必要な範囲内において、共同利用者間で利用している個人データを正確かつ最新の内容に保つよう努めなければならないとされている。従って、本記述は正しい。

B 誤 り。 個人データの共同利用において「共同して利用する者の範囲」については、原則として変更することはできない。法23条5項（改正後6項）により、「利用する者の利用目的」や「個人データの管理について責任を有する者の氏名若しくは名称」については、社会通念上、本人が想定することが困難でないと認められる範囲内で変更することができるが、「共同して利用される個人データの項目」や「共同して利用する者の範囲」の変更は、原則としてできないものとされている。従って、本記述は誤っている。

C 正しい。 個人データの共同利用において当該個人データの管理について責任を有する者の氏名・名称を変更する場合、変更する内容について、あらかじめ、本人に通知し、又は本人が容易に知り得る状態に置くことで、変更することができる（法23条5項、改正後6項）。すなわち、共同利用において当該個人データの管理について責任を有する者の氏名・名称については、社会通念上、本人が想定することが困難でないと認められる範囲内で変更することができ、変更する前に、本人に通知又は本人が容易に知り得る状態に置かなければならないとされている。従って、本記述は正しい。

以上により、問題文ACは正しいが、Bは誤っている。従って、正解は肢イとなる。

解答 ▶▶ イ

問題 41 以下のアからエまでの記述のうち、保有個人データに関する【問題文A】から【問題文C】の内容として正しいものを1つ選びなさい。

【問題文A】個人情報取扱事業者は、一定の場合を除き、すべての保有個人データの利用目的を本人の知り得る状態に置かなければならない。

【問題文B】個人情報取扱事業者は、利用目的を本人に通知し、又は公表することにより本人又は第三者の生命、身体、財産その他の権利利益を害するおそれがある場合には、保有個人データの利用目的を、本人の知り得る状態に置かなくてもよい。

【問題文C】個人情報取扱事業者は、個人情報保護法の規定に基づき本人から求められた保有個人データの利用目的を通知しない旨の決定をしたときにおいては、何ら通知を行う必要はない。

ア．Aのみ誤っている。
イ．Bのみ誤っている。
ウ．Cのみ誤っている。
エ．すべて正しい。

解説 ▶▶ 保有個人データに関する事項の公表等（法24条、改正後27条）

個人情報保護法24条1項（改正後27条1項）は、個人情報取扱事業者が、保有個人データに関し、本人の知り得る状態（本人の求めに応じて遅滞なく回答する場合を含む。）に置かなければならない事項を定めている。また、24条3項（改正後27条3項）は、保有個人データの利用目的を通知しない旨の決定をしたときは、本人に対し、遅滞なく、その旨を通知しなければならないと定めている。本問は、この保有個人データに関する事項の公表等についての理解を問うものである。

A 正しい。 法24条1項（改正後27条1項）各号は、個人情報取扱事業者が、保有個人データに関し、本人の知り得る状態に置かなければならない事項を定めている。このうち2号は、「すべての保有個人データの利用目的（第18条第4項第1号から第3号までに該当する場合を除く。）」を挙げている。従って、本記述は正しい。

B 正しい。 法24条1項（改正後27条1項）各号は、個人情報取扱事業者が、保有個人データに関し、本人の知り得る状態（本人の求めに応じて遅滞なく回答する場合を含む。）に置かなければならない事項を定めている。このうち2号は、「すべての保有個人データの利用目的」を挙げているが、法18条4項1号から3号までに該当する場合は除外されている。そして、法18条4項1号は、「利用目的を本人に通知し、又は公表することにより本人又は第三者の生命、身体、財産その他の権利利益を害するおそれがある場合」を挙げている。従って、本記述は正しい。

C 誤り。 個人情報取扱事業者は、個人情報保護法の規定に基づき本人から求められた保有個人データの利用目的を通知しない旨の決定をしたときは、本人に対し、遅滞なく、その旨を通知しなければならない（法24条3項、改正後27条3項）。従って、本記述は誤っている。

以上により、問題文ABは正しいが、Cは誤っている。従って、正解は肢ウとなる。

解答 ▶▶ ウ

問題42 以下のアからエまでの記述のうち、保有個人データの開示等の求めに応じる手続に関する【問題文A】から【問題文C】の内容として正しいものを1つ選びなさい。

【問題文A】個人情報取扱事業者は、開示等の求めに応じる手続を定めることができ、例えば、開示等の求めをする者が本人又は代理人であることを確認する方法も定めることができる。

【問題文B】個人情報取扱事業者は、開示等の求めに応じる手続を定めることができるが、手数料の徴収方法を独自に定めることはできず、法律に定められている徴収方法によらなくてはならない。

【問題文C】個人情報取扱事業者は、開示等の求めに応じる手続を定めるに当たっては、必要以上に煩雑な書類を求めることや、求めを受け付ける窓口を他の業務を行う拠点とは別にいたずらに不便な場所に限定すること等して、本人に過重な負担を課することのないよう配慮しなければならない。

ア． Aのみ誤っている。
イ． Bのみ誤っている。
ウ． Cのみ誤っている。
エ． すべて正しい。

解説▶▶ 保有個人データの開示等の求めに応じる手続（法29条、改正後32条）

個人情報保護法29条（改正後32条）は、保有個人データの開示等の求めに応じる手続について定めている。本問は、この保有個人データの開示等の求めに応じる手続についての理解を問うものである。

A 正しい。 個人情報取扱事業者は、開示等の求めに応じる手続を定めることができ、例えば、開示等の求めをする者が本人又は代理人であることを確認する方法も定めることができる（法29条1項、改正後32条1項、個人情報の保護に関する法律施行令7条3号）。従って、本記述は正しい。

B 誤り。 個人情報取扱事業者は、開示等の求めに応じる手続を定めることができ、例えば、法30条1項（改正後33条1項）の手数料の徴収方法についても定めることができる（法29条1項、改正後32条1項、個人情報の保護に関する法律施行令7条4号）。従って、本記述は誤っている。

C 正しい。 個人情報取扱事業者は、開示等の求めに応じる手続を定めるに当たっては、必要以上に煩雑な書類を求めることや、求めを受け付ける窓口を他の業務を行う拠点とは別にいたずらに不便な場所に限定すること等して、本人に過重な負担を課することのないよう配慮しなければならない（法29条4項、改正後32条4項）。従って、本記述は正しい。

以上により、問題文ＡＣは正しいが、Ｂは誤っている。従って、正解は肢イとなる。

解答▶▶イ

問題43 保有個人データの利用停止等に関する以下のアからエまでの記述のうち、誤っているものを1つ選びなさい。

ア. 個人情報取扱事業者は、本人から、当該本人が識別される保有個人データが本人の同意なく利用目的の達成に必要な範囲を超えて利用されていることを理由に、当該保有個人データの利用停止等を求められた場合であって、その求めに理由があることが判明したときは、違反を是正するために必要な限度で、遅滞なく、当該保有個人データの利用停止等を行わなければならない。

イ. 個人情報取扱事業者が、個人情報保護法の規定に基づき保有個人データの利用停止等の義務を負う場合であっても、当該保有個人データの利用停止等に多額の費用を要する場合その他の利用停止等を行うことが困難な場合であって、本人の権利利益を保護するため必要なこれに代わるべき措置をとるときは、当該保有個人データの利用停止等を行わなくてもよい。

ウ. 個人情報取扱事業者は、本人から、当該本人が識別される保有個人データが違法に第三者に提供されているという理由によって、当該保有個人データの第三者への提供の停止を求められた場合であって、その求めに理由があることが判明したときは、遅滞なく、当該保有個人データの第三者への提供の停止を行わなければならない。

エ. 個人情報取扱事業者は、本人から当該保有個人データの利用停止等を求められ、その求めに応じて利用停止等を行っていれば、本人に対し、その旨を通知する必要はない。

解説 ▶▶ 保有個人データの利用停止等（法27条、改正後30条）

個人情報保護法27条1項（改正後30条1項・2項）は、個人情報取扱事業者は、本人から、当該本人が識別される保有個人データが本人の同意なく目的外利用されていること（法16条違反）又は不適正に取得されたこと（法17条違反）を理由に、当該保有個人データの利用停止等を求められた場合であって、その求めに理由があることが判明したときは、原則として、遅滞なく、当該保有個人データの利用停止等を行わなければならないと定めている。

また、法27条2項（改正後30条4項）は、個人情報取扱事業者は、本人から、当該本人が識別される保有個人データが本人の同意なく第三者に提供されていること（法23条1項違反、改正後23条1項・24条違反）を理由に、当該保有個人データの第三者への提供の停止を求められた場合であって、その求めに理由があることが判明したときは、原則として、遅滞なく、当該保有個人データの第三者への提供を停止しなければならないとしている。

本問は、この保有個人データの利用停止等についての理解を問うものである。

ア 正しい。 個人情報取扱事業者は、本人から、当該本人が識別される保有個人データが本人の同意なく利用目的の達成に必要な範囲を超えて利用されていること（法16条違反）を理由に、当該保有個人データの利用停止等を求められた場合であって、その求めに理由があることが判明したときは、原則として、違反を是正するために必要な限度で、遅滞なく、当該保有個人データの利用停止等を行わなければならない（法27条1項、改正後30条1項・2項）。従って、本記述は正しい。

イ 正しい。 個人情報取扱事業者が、個人情報保護法の規定に基づき保有個人データの利用停止等の義務を負う場合であっても、当該保有個人データの利用停止等に多額の費用を要する場合その他の利用停止等を行うことが困難な場合であって、本人の権利利益を保護するため必要なこれに代わるべき措置をとるときは、当該保有個人データの利用停止等を行わなくてもよい（法27条1項ただし書、改正後30条2項ただし書）。従って、本記述は正しい。

ウ 正しい。 個人情報取扱事業者は、本人から、当該本人が識別される保有個人データが本人の同意なく第三者に提供されていること（法23条1項違反、改正後23条1項・24条違反）を理由に、当該保有個人データの第三者への提供の停止を求められた場合であって、その求めに理由があることが判明したときは、原則として、遅滞なく、当該保有個人データの第三者への提供を停止しなければならない（法27条2項、改正後30条3項・4項）。従って、本記述は正しい。

エ 誤り。 個人情報取扱事業者は、法27条1項（改正後30条1項・2項）の規定に基づき求められた保有個人データの全部若しくは一部について利用停止等を行ったとき若しくは利用停止等を行わない旨の決定をしたときは、本人に対し、遅滞なく、その旨を通知しなければならない（法27条3項、改正後30条5項）。従って、本記述は誤っている。

解答 ▶▶ エ

問題44

以下のアからエまでの記述のうち、保有個人データの開示等の求めに応じる手続に関する【問題文A】から【問題文C】の内容として正しいものを1つ選びなさい。

【問題文A】個人情報取扱事業者は、開示等の求めに応じる手続を定めることができ、例えば、開示等の求めをする者が本人又は代理人であることを確認する方法も定めることができる。

【問題文B】個人情報取扱事業者は、開示等の求めに応じる手続を定めることができるが、手数料の徴収方法を独自に定めることはできず、法律に定められている徴収方法によらなくてはならない。

【問題文C】個人情報取扱事業者は、開示等の求めに応じる手続を定めるに当たっては、必要以上に煩雑な書類を求めることや、求めを受け付ける窓口を他の業務を行う拠点とは別にいたずらに不便な場所に限定すること等して、本人に過重な負担を課することのないよう配慮しなければならない。

ア．Aのみ誤っている。
イ．Bのみ誤っている。
ウ．Cのみ誤っている。
エ．すべて正しい。

解説 ▶▶ 保有個人データの開示等の求めに応じる手続（法29条、改正後32条）

個人情報保護法29条（改正後32条）は、保有個人データの開示等の求めに応じる手続について定めている。本問は、この保有個人データの開示等の求めに応じる手続についての理解を問うものである。

A 正しい。 個人情報取扱事業者は、開示等の求めに応じる手続を定めることができ、例えば、開示等の求めをする者が本人又は代理人であることを確認する方法も定めることができる（法29条１項、改正後32条１項、個人情報の保護に関する法律施行令７条３号）。従って、本記述は正しい。

B 誤り。 個人情報取扱事業者は、開示等の求めに応じる手続を定めることができ、例えば、法30条１項（改正後33条１項）の手数料の徴収方法についても定めることができる（法29条１項、改正後32条１項、個人情報の保護に関する法律施行令７条４号）。従って、本記述は誤っている。

C 正しい。 個人情報取扱事業者は、開示等の求めに応じる手続を定めるに当たっては、必要以上に煩雑な書類を求めることや、求めを受け付ける窓口を他の業務を行う拠点とは別にいたずらに不便な場所に限定すること等して、本人に過重な負担を課すことのないよう配慮しなければならない（法29条４項、改正後32条４項）。従って、本記述は正しい。

以上により、問題文ＡＣは正しいが、Ｂは誤っている。従って、正解は肢イとなる。

解答 ▶▶ イ

問題 45
保有個人データに関する求めの手数料に関する以下のアからエまでの記述のうち、誤っているものを1つ選びなさい。

ア． 個人情報取扱事業者は、開示等の求めに際し手数料を徴収する場合は、実費を勘案して合理的であると認められる範囲内において、その手数料の額を定めなければならない。

イ． 個人情報取扱事業者は、本人から、当該本人が識別される保有個人データの利用目的の通知を求められた場合、当該措置の実施に当たって、個人情報保護法の規定に基づく手数料を徴収することができる。

ウ． 個人情報取扱事業者は、本人から、当該本人が識別される保有個人データの訂正を求められた場合、当該措置の実施に当たって、個人情報保護法の規定に基づく手数料を徴収することができる。

エ． 個人情報取扱事業者は、開示等の求めに応じる措置の実施に関し手数料の額を定めた場合には、本人の知り得る状態（本人の求めに応じて遅滞なく回答する場合を含む。）に置いておかなければならない。

解説 ▶▶ 保有個人データに関する求めの手数料（法30条、改正後33条）

個人情報保護法30条1項（改正後33条1項）は、個人情報取扱事業者は、保有個人データの利用目的の通知（法24条2項、改正後27条2項）又は保有個人データの開示（法25条1項、改正後28条1項）を求められたときは、当該措置の実施に関し、手数料を徴収することができると定めている。本問は、この保有個人データに関する求めの手数料についての理解を問うものである。

ア 正しい。　個人情報取扱事業者は、開示等の求めに際し手数料を徴収する場合は、実費を勘案して合理的であると認められる範囲内において、その手数料の額を定めなければならない（法30条2項、改正後33条2項）。従って、本記述は正しい。

イ 正しい。　法30条1項（改正後33条1項）は、個人情報取扱事業者は、法24条2項（改正後27条2項）の規定による利用目的の通知を求められたときは、当該措置の実施に関し、手数料を徴収することができると定めている。従って、本記述は正しい。

ウ 誤り。　法30条1項（改正後33条1項）は、個人情報取扱事業者は、保有個人データの利用目的の通知（法24条2項、改正後27条2項）又は保有個人データの開示（法25条1項、改正後28条1項）を求められたときは、当該措置の実施に関し、手数料を徴収することができると定めているが、保有個人データの「訂正」については、個人情報保護法の規定に基づく手数料を徴収することはできない。従って、本記述は誤っている。

エ 正しい。　法30条2項（改正後33条2項）の規定により手数料の額を定めたとき、その手数料の額について、個人情報取扱事業者は、本人の知り得る状態（本人の求めに応じて遅滞なく回答する場合を含む。）に置いておかなければならない（法24条1項3号かっこ書、改正後27条1項3号かっこ書）。従って、本記述は正しい。

解答 ▶▶ **ウ**

問題46

認定個人情報保護団体に関する以下のアからエまでの記述のうち、誤っているものを1つ選びなさい。

ア．認定個人情報保護団体は、その認定を受けた旨を公表されることはない。
イ．認定個人情報保護団体は、認定業務の実施に際して知り得た情報を認定業務の用に供する目的以外に利用してはならない。
ウ．認定個人情報保護団体は、対象事業者の氏名又は名称を公表しなければならない。
エ．認定個人情報保護団体は、主務大臣から報告を求められることがあり、これに対して虚偽の報告をした場合には刑罰を科されることがある。

解説 ▶▶ 認定個人情報保護団体（法37条～49条、改正後47条～58条）

個人情報保護法は、法37条から49条（改正後47条から58条）で、認定個人情報保護団体（個人情報取扱事業者の個人情報の適正な取扱いの確保を目的として法の定める業務を行う団体で、主務大臣の認定を受けたもの）について定めている。本問は、この認定個人情報保護団体についての理解を問うものである。

ア 誤り。 主務大臣は認定個人情報保護団体の認定を行った場合、これを公示しなければならないとされている（法37条3項、改正後47条3項）。従って、本記述は誤っている。

イ 正しい。 認定個人情報保護団体は、認定業務の実施に際して知り得た情報を認定業務の用に供する目的以外に利用してはならない（法44条、改正後54条）。従って、本記述は正しい。

ウ 正しい。 認定個人情報保護団体は、対象事業者の氏名又は名称を公表しなければならないとされている（法41条2項、改正後51条2項）。従って、本記述は正しい。

エ 正しい。 主務大臣は、個人情報保護法の規定の施行に必要な限度において、認定個人情報保護団体に対し、認定業務に関し報告をさせることができる（法46条、改正後56条）。そして、それに対して報告しない、又は虚偽の報告をした者には、罰金刑が科されることがある（法57条、改正後85条2号）。従って、本記述は正しい。

解答 ▶▶ ア

問題47 個人情報保護法上、一定の個人情報取扱事業者が一定の目的で個人情報を取り扱う場合、個人情報取扱事業者の義務規定の適用が除外されることがある。以下のアからエまでの記述のうち、この適用除外に関する【問題文A】から【問題文C】の内容として正しいものを1つ選びなさい。

【問題文A】大学等の団体に属さず学術研究を行う個人が、学術研究の用に供する目的で個人情報を取り扱う場合、個人情報取扱事業者の義務規定の適用が除外される。

【問題文B】報道を業として行う個人が報道の用に供する目的で個人情報を取り扱う場合、個人情報取扱事業者の義務規定の適用が除外される。

【問題文C】個人情報取扱事業者たる宗教団体が、宗教活動に付随する活動の用に供する目的で個人情報を取り扱う場合、個人情報取扱事業者の義務規定の適用が除外される。

ア． Aのみ誤っている。
イ． Bのみ誤っている。
ウ． Cのみ誤っている。
エ． すべて正しい。

解説 ▶▶ 適用除外（法50条、改正後76条）

個人情報保護法は、法50条（改正後76条）で、憲法上の権利を尊重するため、個人情報取扱事業者のうち一定の者については、法の定める個人情報取扱事業者の義務規定を適用しない場合を定めている。本問は、この適用除外についての理解を問うものである。

A 誤り。 法50条（改正後76条）1項各号は、一定の個人情報取扱事業者が、一定の目的で個人情報を取り扱う場合、個人情報取扱事業者の義務規定を適用しない旨を定めている。学術研究を主たる目的とする機関等が学術研究の用に供する目的で個人情報を取り扱う場合には、3号により法の適用が除外されるが、この規定の対象は「大学その他の学術研究を目的とする機関若しくは団体又はそれらに属する者」とされており、それらに属さない者は含まれない。このため、大学等の団体に属さず学術研究を行う個人が、学術研究の用に供する目的で個人情報を取り扱う場合、個人情報取扱事業者の義務規定の適用が除外されることはない。従って、本記述は誤っている。

B 正しい。 法50条（改正後76条）1項各号は、一定の個人情報取扱事業者が、一定の目的で個人情報を取り扱う場合、個人情報取扱事業者の義務規定を適用しない旨を定めている。このうち1号は、放送機関、新聞社、通信社その他の報道機関（報道を業として行う個人を含む。）が「報道の用に供する目的」で取り扱う場合を挙げている。従って、本記述は正しい。

C 正しい。 法50条（改正後76条）1項各号は、一定の個人情報取扱事業者が、一定の目的で個人情報を取り扱う場合、個人情報取扱事業者の義務規定を適用しない旨を定めている。このうち4号は、宗教団体が「宗教活動（これに付随する活動を含む。）の用に供する目的」で取り扱う場合を挙げている。従って、本記述は正しい。

以上により、問題文BCは正しいが、Aは誤っている。従って、正解は肢アとなる。

解答 ▶▶ ア

問題 48

個人情報の保護に関する【問題文A】から【問題文C】の内容についての以下のアからエまでの記述のうち、正しいものを1つ選びなさい。

【問題文A】医師は、正当な理由がないのに、その業務上取り扱ったことについて知り得た人の秘密を漏らした場合であっても、刑法上の秘密漏示罪として刑罰を科されることはない。

【問題文B】宅地建物取引業者が、正当な理由がないのに、その業務上取り扱ったことについて知り得た秘密を漏らした場合、刑罰を科されることがある。

【問題文C】郵便の業務に従事する者が、日本郵便株式会社の取り扱う信書の秘密を侵した場合、刑罰を科されることがある。

- **ア.** Aのみ誤っている。
- **イ.** Bのみ誤っている。
- **ウ.** Cのみ誤っている。
- **エ.** すべて正しい。

解説 ▶▶ 個人情報保護に関する関連法令

個人情報は、個人情報保護法のみならず、さまざまな法令において保護の対象となっている。本問は、このような関連法令についての理解を問うものである。

A 誤り。 刑法134条1項は、「医師、薬剤師、医薬品販売業者、助産師、弁護士、弁護人、公証人又はこれらの職にあった者が、正当な理由がないのに、その業務上取り扱ったことについて知り得た人の秘密を漏らしたときは、6月以下の懲役又は10万円以下の罰金に処する。」と定めている。よって、医師は、正当な理由がないのに、その業務上取り扱ったことについて知り得た人の秘密を漏らした場合、刑法上の秘密漏示罪として刑罰を科されることがある。従って、本記述は誤っている。

B 正しい。 宅地建物取引業法45条は、「宅地建物取引業者は、正当な理由がある場合でなければ、その業務上取り扱つたことについて知り得た秘密を他に漏らしてはならない。宅地建物取引業を営まなくなつた後であつても、また同様とする。」と定めている。また、同法83条には同法45条に違反した場合の罰則規定（50万円以下の罰金）を定めている。よって、宅地建物取引業者が、正当な理由がないのに、その業務上取り扱ったことについて知り得た秘密を漏らした場合、刑罰を科されることがある。従って、本記述は正しい。

C 正しい。 郵便法80条2項は、郵便の業務に従事する者が日本郵便株式会社の取扱中に係る信書の秘密を侵したときは、これを2年以下の懲役又は100万円以下の罰金に処すると定めている。よって、郵便の業務に従事する者が、日本郵便株式会社の取り扱う信書の秘密を侵した場合、刑罰を科されることがある。従って、本記述は正しい。

以上により、問題文Aのみ誤っている。従って、正解は肢アとなる。

解答 ▶▶ ア

問題49 経済産業省策定の「個人情報の保護に関する法律についての経済産業分野を対象とするガイドライン」に関する以下のアからエまでの記述のうち、誤っているものを1つ選びなさい。

ア．このガイドラインは、経済産業分野における事業者等のうち、法が適用対象とする個人情報取扱事業者に該当する事業者等を対象として適用するとしている。

イ．このガイドライン中、「しなければならない」と記載されている規定については、それに従わなかった場合は、経済産業大臣により、法の規定違反と判断され得る。

ウ．このガイドライン中、「望ましい」と記載されている規定については、それに従わなかった場合でも、法の規定違反と判断されることはないが、「望ましい」と記載されている規定についても、個人情報保護の推進の観点から、できるだけ取り組むことが望まれる。

エ．このガイドライン中に事例として記述されている部分は、該当する事例及び該当しない事例のそれぞれにつき、すべての事案を網羅することを目的として作成されている。

解説 ▶▶ 各省庁のガイドライン

個人情報保護法を受けて、各省庁が所管分野ごとに個人情報の保護に関するガイドラインを策定している。このうち、本問は、経済産業省策定の「個人情報の保護に関する法律についての経済産業分野を対象とするガイドライン」についての理解を問うものである。

ア 正しい。 このガイドラインは、経済産業分野における事業者等のうち、法が適用対象とする個人情報取扱事業者に該当する事業者等を対象として適用するとしている。従って、本記述は正しい。

イ 正しい。 このガイドライン中、「しなければならない」と記載されている規定については、それに従わなかった場合は、経済産業大臣により、法の規定違反と判断され得る。従って、本記述は正しい。

ウ 正しい。 このガイドライン中、「望ましい」と記載されている規定については、それに従わなかった場合でも、法の規定違反と判断されることはないとされている。もっとも、「望ましい」と記載されている規定についても、個人情報は、個人の人格尊重の理念の下に慎重に取り扱われるべきものであることに配慮して適正な取扱いが図られるべきとする法の基本理念（法3条）を踏まえ、個人情報保護の推進の観点から、できるだけ取り組むことが望まれるとされている。従って、本記述は正しい。

エ 誤り。 本ガイドライン中に事例として記述した部分は、理解を助けることを目的として、該当する事例及び該当しない事例のそれぞれにつき、典型的な例を示すものであり、すべての事案を網羅することを目的とするものではない。実際には個別事案ごとに検討が必要となる。また、幾つかの業種の例を取り上げたもので、すべての業種の例を網羅しているわけではない。従って、本記述は誤っている。

解答 ▶▶ エ

問題50

金融庁策定の「金融分野における個人情報保護に関するガイドライン」に関する以下のアからエまでの記述のうち、誤っているものを1つ選びなさい。

ア．このガイドラインは、金融分野における個人情報取扱事業者が、与信事業に際して、個人情報を個人信用情報機関に提供する場合には、その旨を利用目的に明示しなければならないとしている。

イ．このガイドラインは、金融分野における個人情報取扱事業者は、個人情報保護法の規定に基づき本人の同意を得る場合には、原則として、書面によることとしている。

ウ．このガイドラインは、機微（センシティブ）情報について、原則として、取得、利用、又は第三者提供を行わないこととするとしている。

エ．このガイドラインは、金融分野における個人情報取扱事業者が、与信事業に係る個人の返済能力に関する情報を個人信用情報機関へ提供する場合、「第三者提供におけるオプトアウト」の方式による第三者提供を行うべきであるとしている。

解説 ▶▶ 各省庁のガイドライン

個人情報保護法を受けて、各省庁が所管分野ごとに個人情報の保護に関するガイドラインを策定している。このうち、本問は、金融庁策定の「金融分野における個人情報保護に関するガイドライン」についての理解を問うものである。

ア 正しい。 本ガイドライン3条4項前段は、金融分野における個人情報取扱事業者が、与信事業に際して、個人情報を個人信用情報機関に提供する場合には、その旨を利用目的に明示しなければならないとしている。従って、本記述は正しい。

イ 正しい。 本ガイドライン4条は、金融分野における個人情報取扱事業者は、個人情報保護法16条及び23条に定める本人の同意を得る場合には、原則として、書面（電子的方式、磁気的方式、その他人の知覚によっては認識することのできない方式で作られる記録を含む。）によることとしている。従って、本記述は正しい。

ウ 正しい。 本ガイドライン6条は、金融分野における個人情報取扱事業者は、機微（センシティブ）情報について、原則として、取得、利用又は第三者提供を行わないこととするとしている。なお、機微（センシティブ）情報とは、政治的見解、信教（宗教、思想及び信条をいう。）、労働組合への加盟、人種及び民族、門地及び本籍地、保健医療及び性生活、並びに犯罪歴に関する情報をいう。従って、本記述は正しい。

エ 誤り。 本ガイドライン13条5項は、金融分野における個人情報取扱事業者は、与信事業に係る個人の返済能力に関する情報を個人信用情報機関へ提供するに当たっては、個人情報保護法23条2項の「第三者提供におけるオプトアウト」の方式は用いないこととし、個人情報保護法23条3項に従い本人の同意を得ることとしている。従って、本記述は誤っている。

解答 ▶▶ エ

課題Ⅱ. 個人情報保護の対策と情報セキュリティ

■ 以下は、個人情報保護の対策と情報セキュリティに関する問題である。正しい場合にはアを、誤っている場合にはイを選択しなさい。

問題 51 ISMS（情報セキュリティマネジメントシステム）におけるPDCAサイクルの「Plan」のステップでは、情報セキュリティに関するその組織の考え方、対策や規約をまとめた文書である情報セキュリティポリシーを策定する。

　　ア．正しい　　イ．誤っている

解説▶▶ 個人情報保護の対策

ISMS（情報セキュリティマネジメントシステム）におけるPDCAサイクルのうち、Planに該当する。

解答▶▶ア

問題 52 以下の図は、JIS Q 31000:2010におけるリスクマネジメントのプロセスを表したものである。（　）にはそれぞれ、「リスクアセスメント」、「リスク分析」、「モニタリング及びレビュー」のいずれかが必ず入る。
（ c ）には、「リスク分析」が当てはまる。

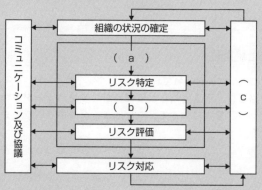

　　ア．正しい　　イ．誤っている

解説 ▶▶ リスクマネジメント

a＝リスクアセスメント、b＝リスク分析、c＝モニタリング及びレビューである。
JIS Q 3100:2010におけるリスクマネジメントのプロセスを示した図は、次のとおりである。

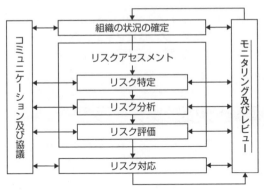

解答 ▶▶ イ

問題53
技術的脅威の要素の一つである特権の昇格とは、ネットワーク上での売買や契約などを実行した後、それに関する事実がなかったことのような虚偽の主張をされることをいう。

　　ア．正しい　　イ．誤っている

解説 ▶▶ 脅威と脆弱性

本記述は、否認について述べられている。
なお、特権の昇格とは、不正侵入した攻撃者が、コンピュータの特権ユーザの権限を取得することをいう。それによって、コンピュータやネットワーク上での不正行為が容易に可能となる。

解答 ▶▶ イ

問題54 物理的脅威の一つである「機器の故障や劣化」の具体例として、「サーバやネットワーク機器を長期間連続運転することで老朽化し、故障が起きやすくなる状況を放置すると、サービス停止につながりかねない。また、電源供給設備の劣化による電圧不安定、空調設備の不調による高温・多湿は、コンピュータなどの機器の故障の要因となる。」ということが挙げられる。

　　ア．正しい　　イ．誤っている

解説 ▶▶ 脅威と脆弱性

物理的脅威の一つである「機器の故障や劣化」の具体例として以下のことが挙げられる。サーバやネットワーク機器を長期間連続運転することで老朽化し、故障が起きやすくなる状況を放置すると、サービス停止につながりかねない。また、電源供給設備の劣化による電圧不安定、空調設備の不調による高温・多湿は、コンピュータなどの機器の故障の要因となる。

解答 ▶▶ ア

問題55 以下の計算式を用いて【脅威の分析表】のリスク値を算出した場合、最もリスク値が高い脅威は、脅威Aである。

リスク値 ＝ 資産の価値 × 脅威の発生可能性

【脅威の分析表】

脅威の種類	資産の価値	脅威の発生可能性
脅威A	2	3
脅威B	3	4
脅威C	5	2

　　ア．正しい　　イ．誤っている

解説 ▶▶ 脅威と脆弱性

リスク値を算出する以下の計算式をもとに、【脅威の分析表】のリスク値を算出した場合、最もリスク値が高い脅威は、**脅威B**である。

リスク値 = 資産の価値 × 脅威の発生可能性

【脅威の分析表】

脅威の種類	資産の価値	脅威の発生可能性
脅威A	2	3
脅威B	3	4
脅威C	5	2

解答 ▶▶ イ

問題56 次の図は、個人情報の特定と管理における作業の流れを表したものである。なお、（　）にはそれぞれ、「個人情報管理台帳の作成」、「個人情報取扱い手順書の作成」、「個人情報の棚卸し」のいずれかが必ず入る。
（ b ）には、「個人情報の棚卸し」が当てはまる。

(a) → (b) → (c)

ア．正しい　　イ．誤っている

解説 ▶▶ 個人情報保護体制

a＝個人情報取扱い手順書の作成、b＝個人情報の棚卸し、c＝個人情報管理台帳の作成である。個人情報の特定と管理における作業の流れを表した図は、以下のとおりである。

解答 ▶▶ ア

問題 57 個人情報保護方針の策定にあたっては、まず、個人情報保護法や各省庁・業界団体のガイドラインの要求事項を満たすようにしなければならない。そのうえで、組織の文化や業務内容に沿った自社独自のものを作成していく。また、策定した個人情報保護方針は、行動規範として従業者に遵守されなければならない。

　　ア．正しい　　イ．誤っている

解説 ▶▶ 個人情報管理の規程文書の策定及び手順書

本記述のとおりである。また、個人情報に関する社会意識の高まりを考慮し、個人情報保護方針をWebサイトなどで一般公開し、個人情報保護に取り組む姿勢を対外的に示すべきである。

解答 ▶▶ ア

問題 58 次の図は、個人情報保護監査の流れを表している。なお、（　）にはそれぞれ、「監査調書」、「監査証拠」のいずれかが必ず入る。
（　a　）には監査調書、（　b　）には監査証拠が当てはまる。

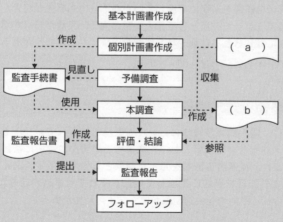

　　ア．正しい　　イ．誤っている

解説 ▶▶ 個人情報保護監査

a＝監査証拠、b＝監査調書である。
個人情報保護監査の流れは、次の図のとおりである。

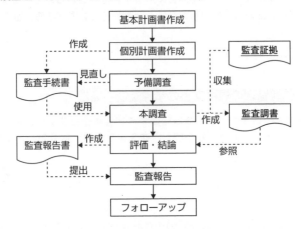

解答 ▶▶ イ

問題 59 従業者の監督を適切に実施していたがそれでも事故が起きた場合は、従業者の監督を怠った結果として個人情報の漏えい事故が起きた場合に比べて、事業者に課せられる罰則や社会的制裁が重くなる可能性がある。

　　　ア．正しい　　**イ．**誤っている

解説 ▶▶ 従業者の監督や教育・管理

従業者の監督は、個人情報保護法においても義務付けられており、それぞれの組織・団体における人的安全管理措置として、従業者を必要かつ適切に監督することが求められている。また、従業者の監督を怠った結果として個人情報の漏えい事故が起きた場合は、従業者の監督を適切に実施していたがそれでも事故が起きた場合に比べて、事業者に課せられる罰則や社会的制裁が重くなる可能性がある。

解答 ▶▶ イ

問題 60
派遣社員の受け入れに関して、派遣先企業は、派遣社員との間に非開示契約を直接締結する。また、派遣先企業は、派遣社員がアクセスできる個人情報の範囲を限定する。

ア．正しい　　イ．誤っている

解説 ▶▶ 派遣社員・委託先の管理

派遣先企業は、**派遣元企業**との間に非開示契約を締結する。また、派遣先企業は、派遣社員がアクセスできる個人情報の範囲を限定する。なお、派遣社員の受け入れに関して、他にも次のようなものが挙げられる。

- 派遣先企業は、派遣社員への個人情報の安全管理教育を行う必要がある。
- 派遣先企業は、誓約書に派遣社員の自宅住所などの連絡先の記入を義務付けてはならない。

解答 ▶▶ イ

問題 61
入退室記録帳は、オフィスごと、あるいはビルごとなどに訪問者のゲストカードやゲストバッジを用意しておき、必要に応じて入退室記録帳にカードやバッジの番号を控えたうえで、訪問者に貸与する。

ア．正しい　　イ．誤っている

解説 ▶▶ 入退管理

訪問者のオフィススペースへの入室時及び退室時には、入退室記録帳への記入を依頼するなどの方法で、入退室記録を残しておく。連日の訪問の場合であっても、初日だけではなく、その日ごとに手続きする。入退室記録帳には、入退室の日付や時刻、入退室者の会社名、氏名、訪問先、訪問先での作業概要などを記録する。なお、この記録帳は責任者が保管する。

解答 ▶▶ ア

問題62 オフィス内のセキュリティ管理に関して、従業者の座席表や連絡先リスト、顧客情報が保管されているキャビネットの配置図は、オフィス内の掲示板に貼り出し、どの従業者も目視できるようにする。

　　ア．正しい　　イ．誤っている

解説 ▶▶ オフィス内の保護対策

オフィス内のセキュリティ管理に関して、従業者の座席表や連絡先リスト、顧客情報が保管されている　キャビネットの配置図は、オフィス内の掲示板に貼り出すことで、来訪者や部外者などが知るところになり、結果的に不要な情報漏えいにつながる可能性がある。

解答 ▶▶ イ

問題63 JIS Q 27002:2014における「物理的及び環境的セキュリティ」において、情報処理施設を収容した建物または敷地の境界は、物理的に頑丈にする。敷地内の屋根、壁及び床は、堅固な構造物とし、外部に接するすべての扉を、開閉制御の仕組みによって、認可されていないアクセスから適切に保護する。要員が不在のときには、扉及び窓を開放し、窓については外部からの保護を考慮する。

　　ア．正しい　　イ．誤っている

解説 ▶▶ JIS規格・情報セキュリティ安全対策基準等

JIS Q 27002:2014における「物理的及び環境的セキュリティ」に関して、情報処理施設を収容した建物または敷地の境界は、物理的に頑丈にする。敷地内の屋根、壁及び床は、堅固な構造物とし、外部に接するすべての扉を、開閉制御の仕組みによって、認可されていないアクセスから適切に保護する。要員が不在のときには、扉及び窓を**施錠**し、窓については外部からの保護を考慮する。

解答 ▶▶ イ

パスワードで使用する文字列は、アルファベットで構成された英単語とし、小文字や大文字のいずれかに統一したものを設定する。

　　　　ア．正しい　　**イ**．誤っている

解説 ▶▶ パスワード管理

パスワードで使用する文字列は、小文字・大文字を混在させたアルファベットや数字、記号などで構成し、他者から類推不可能なものを設定する。

解答 ▶▶ イ

次の文章は、暗号化に関する内容である。なお、（　）には同じ言葉が入る。
（　）には、「秘密鍵」と「公開鍵」のうち、「公開鍵」が当てはまる。

重要な機密情報をパソコンや外部記録媒体に保存したり通信回線を通して送受信する場合、情報漏えいを防ぐために暗号化を用いる。また、電子データが改ざんされた場合にそれを検知できるように電子署名を採用する。現在実用化されている暗号化には、共通鍵暗号方式と（　　　）暗号方式を組み合わせたハイブリッド暗号方式があり、電子署名には、ハッシュ関数と（　　　）暗号方式を用いる。

　　　　ア．正しい　　**イ**．誤っている

解説 ▶▶ 暗号化

重要な機密情報をパソコンや外部記録媒体に保存したり通信回線を通して送受信する場合、情報漏えいを防ぐために暗号化を用いる。また、電子データが改ざんされた場合にそれを検知できるように電子署名を採用する。現在実用化されている暗号化には、共通鍵暗号方式と**公開鍵**暗号方式を組み合わせたハイブリッド暗号方式があり、電子署名には、ハッシュ関数と**公開鍵**暗号方式を用いる。

解答 ▶▶ ア

■ 次の問に対応するものを、各選択肢（ア～エ）から１つ選びなさい。

問題66 以下のJIS Q 31000:2010「リスクマネジメントー原則及び指針」に関する文章を読み、誤っているものを１つ選びなさい。

ア． リスク分析には、リスクの原因及びリスク源、リスクの好ましい結果及び好ましくない結果、並びにこれらの結果が発生することがある起こりやすさに関する考慮が含まれる。結果及び起こりやすさに影響を与える要素を特定することが望ましい。

イ． リスクは、結果及び起こりやすさ、並びにリスクのその他の属性を決定することによって分析される。一つの事象が複数の結果をもたらし、複数の目的に影響を与えることがある。既存の管理策並びにそれらの有効性及び効率をも考慮に入れることが望ましい。

ウ． 結果及び起こりやすさを表す方法、並びにリスクレベルを決定するためにこの二つを組み合わせる方法は、リスクの種類、利用可能な情報、及びリスクアセスメントからのアウトプットを使用する目的を反映していることが望ましい。

エ． リスクレベルの決定に対する確信、並びに必要条件及び前提に対する機微性は、リスク分析の範囲外で考慮し、意思決定者及び適切な場合にはその他のステークホルダに秘密裏にすることが望ましい。

解説 ▶▶ 脅威と脆弱性に対する理解

リスクレベルの決定に対する確信、並びに必要条件及び前提に対する機微性は、リスク分析の中で考慮し、意思決定者及び適切な場合にはその他のステークホルダに効果的に伝達されることが望ましい。専門家の間の意見の相違、情報の不確かさ、利用可能性、品質、量、現況性、モデル化の限界などの要素は、明記することが望ましい。

解答 ▶▶ エ

問題 67

情報セキュリティの3つの要素を説明する表において、（　）に入る最も適切な語句の組合せを、ア～エで答えなさい。

要素	説明
（ a ）	改ざんなどにより情報の正確さが失われた場合の影響
（ b ）	関係者以外に知られた場合の影響
（ c ）	紛失、システム停止などにより、情報が使えなくなった場合の影響

ア．a．可用性　　b．完全性　　c．機密性
イ．a．可用性　　b．機密性　　c．完全性
ウ．a．完全性　　b．可用性　　c．機密性
エ．a．完全性　　b．機密性　　c．可用性

解説 ▶▶ 脅威と脆弱性に対する理解

情報セキュリティの3つの要素を説明する表は、次のとおりである。

要素	説明
完全性	改ざんなどにより情報の正確さが失われた場合の影響
機密性	関係者以外に知られた場合の影響
可用性	紛失、システム停止などにより、情報が使えなくなった場合の影響

解答 ▶▶ エ

問題68 情報セキュリティ基本方針に含める指針として、該当しないものを1つ選びなさい。

ア．情報セキュリティの定義、目的及び適用範囲
イ．情報セキュリティに関する経営者の方針
ウ．個人情報の利用目的や適正な取得、利用の制限
エ．基本方針の遵守並びに違反に対する措置

解説 ▶▶ 脅威と脆弱性に対する理解

情報セキュリティ基本方針に含める指針として、次のようなものが挙げられる。
・情報セキュリティの定義、目的及び適用範囲
・情報セキュリティに関する経営者の方針
・基本方針の遵守並びに違反に対する措置

情報セキュリティ基本方針は、組織が保有するすべての情報資産を安全に管理するための組織の方針を文書化したものである。これに対し、個人情報保護方針には、**個人情報の利用目的や適正な取得、利用の制限**といった個人情報保護特有の項目を含むため、それぞれ個別に作成することが望ましい。

解答 ▶▶ ウ

問題 69

JIS Q 0073:2010におけるリスクマネジメント用語の関係を下図のように示した場合、( )に入る最も適切な語句の組合せを、ア〜エで答えなさい。

リスクアセスメント
リスク (a)
リスク分析
リスク評価

リスク対応
リスク回避
リスク (b)
リスク共有
リスク保有

リスクの受容

コミュニケーション及び (c)

- **ア．** a．軽減　　b．特定　　c．協議
- **イ．** a．軽減　　b．協議　　c．特定
- **ウ．** a．特定　　b．軽減　　c．協議
- **エ．** a．特定　　b．協議　　c．軽減

解説 ▶▶ 脅威と脆弱性に対する理解

JIS Q 0073:2010におけるリスクマネジメント用語の関係は、下図のとおりである。

リスクアセスメント
リスク**特定**
リスク分析
リスク評価

リスク対応
リスク回避
リスク**軽減**
リスク共有
リスク保有

リスクの受容

コミュニケーション及び**協議**

解答 ▶▶ ウ

問題70 以下の技術的脅威の要素とその事例に関する文章を読み、正しいものを1つ選びなさい。

ア．特権の昇格とは、ネットワーク上での売買や契約などを実行した後、それに関する事実がなかったことのような虚偽の主張をされることをいう。

イ．データの改ざんとは、ネットワークを通じて外部からコンピュータに侵入し、管理者の許可を得ずに、Webページやアクセスログ、機密情報などを書き換える行為をいう。

ウ．否認とは、特定のサーバやネットワークに向けて大量の無意味な通信を送りつけ、大きな負荷を与えて、情報システムを利用不能にする行為をいう。

エ．サービス拒否とは、不正侵入した攻撃者が、コンピュータの特権ユーザの権限を取得することをいう。それによって、コンピュータやネットワーク上での不正行為が容易に可能となる。

解説 ▶▶ 脅威と脆弱性に対する理解

技術的脅威の要素とその事例に関して、データの改ざんとは、ネットワークを通じて外部からコンピュータに侵入し、管理者の許可を得ずに、Webページやアクセスログ、機密情報などを書き換える行為をいう。他には次のようなものがある。

・特権の昇格とは、不正侵入した攻撃者が、コンピュータの特権ユーザの権限を取得することをいう。それによって、コンピュータやネットワーク上での不正行為が容易に可能となる。

・否認とは、ネットワーク上での売買や契約などを実行した後、それに関する事実がなかったことのような虚偽の主張をされることをいう。

・サービス拒否とは、特定のサーバやネットワークに向けて大量の無意味な通信を送りつけ、大きな負荷を与えて、情報システムを利用不能にする行為をいう。

解答 ▶▶ イ

問題 71 以下の残存リスクに関する文章を読み、最も適切なものを1つ選びなさい。

ア. 残存リスクは、リスク評価の過程で設定したリスクの許容水準以上に制御すべきである。
イ. 残存リスクは、対象となる情報資産、脅威、脆弱性とともに、従業者には周知する。
ウ. 残存リスクの承認は、経営者の判断ではなく、現場担当者の判断において行うべきである。
エ. 定期的なリスク分析を実施する際、残存リスクの変動状況については、調査・検討する必要がない。

解説 ▶▶ 脅威と脆弱性に対する理解

リスク対応した後に残っているリスクを残存リスクという。残存リスクは、リスク評価の過程で設定したリスクの許容水準以下に制御すべきである。また、残存リスクの承認は、経営者の判断において行うべきで、現場担当者の判断によるべきではない。なお、保有する残存リスクは、リスクコミュニケーションの一端として、対象となる情報資産、脅威、脆弱性とともに、従業者には周知する。さらに、組織内部・外部の諸要因の変化によりリスクの状況は常に変動するため、定期的なリスク分析・評価を実施する必要がある。

解答 ▶▶ イ

問題72 以下の文章は、ぜい弱性と脅威の事例に関する内容である。その脆弱性と脅威との組合せとして最も適切なものを、ア〜エで答えなさい。

通信販売会社のA社では、自社に登録している顧客から「別の複数の通信販売会社からダイレクトメールが送られてくるようになった」との問合せがあった。状況としては、ある特定の日を境に、同様の問合せが急増しており、顧客らはそれらの通信販売会社には登録した覚えがないという。A社はこの時点で顧客情報が流出したと推測し、内部調査を始めた。その調査の過程で、外部の名簿業者がA社しか持ちえない個人情報が含まれた名簿を販売していることが確認された。結果的に漏えいした情報は、約100万件に及ぶ顧客の個人情報だった。

なお、A社のセキュリティ対策としては、個人情報にアクセスできる部屋は入室制限されており、個人所有の外部記録媒体の持込み及び持出しは禁止するなどの管理体制がとられていた。また、外部からの不正アクセスされた形跡は見られなかった。入室制限については、ユーザIDが与えられている従業者のみが許可されており、正社員のほか契約社員や嘱託社員も含まれていた。

	脆弱性	脅威
ア	アクセス制御の管理不備	オペレーティングミス
イ	アクセス制御の管理不備	不正行為
ウ	メンテナンス不足	オペレーティングミス
エ	メンテナンス不足	不正行為

解説 ▶▶ 脅威と脆弱性に対する理解

脆弱性と脅威の事例に関して、次の内容に該当する脆弱性と脅威の組合せは、**アクセス制御の管理不備**と**不正行為**である。

解答 ▶▶ イ

問題73

MICTSでの脅威の分類とその例の表において、（　）に入る最も適切な語句の組合せを、ア～エで答えなさい。

分類	脅威の例
意図的脅威	（ a ）
偶発的脅威	（ b ）
環境的脅威	（ c ）

ア. a．盗難や記憶媒体の不正使用　　b．ハードウェアの故障や送信エラー
　　c．ほこりや記憶媒体の劣化
イ. a．盗難や記憶媒体の不正使用　　b．ほこりや記憶媒体の劣化
　　c．ハードウェアの故障や送信エラー
ウ. a．ハードウェアの故障や送信エラー　　b．盗難や記憶媒体の不正使用
　　c．ほこりや記憶媒体の劣化
エ. a．ハードウェアの故障や送信エラー　　b．ほこりや記憶媒体の劣化
　　c．盗難や記憶媒体の不正使用

解説 ▶ 脅威と脆弱性に対する理解

MICTSでの脅威の分類とその例の表は、次のとおりである。

分類	脅威の例
意図的脅威	盗難や記憶媒体の不正使用
偶発的脅威	ハードウェアの故障や送信エラー
環境的脅威	ほこりや記憶媒体の劣化

解答 ▶ ア

問題 74

ソーシャルエンジニアリングの名称とその対策の表において、（　）に入る最も適切な語句の組合せを、ア〜エで答えなさい。

名称	対策
（ a ）	オフィス内部へ一人ずつ認証しながら入室させるなど、入退室管理を徹底する。
（ b ）	書類やメディアなどの廃棄方法を明確化し、それを遵守させる。
（ c ）	パスワードを書いたメモをディスプレイに貼り付けるなど、不適切な取扱いをしない。

- ア．a．ショルダーハック　b．トラッシング　　c．ピギーバック
- イ．a．ショルダーハック　b．ピギーバック　　c．トラッシング
- ウ．a．ピギーバック　　　b．ショルダーハック　c．トラッシング
- エ．a．ピギーバック　　　b．トラッシング　　c．ショルダーハック

解説 ▶▶ 脅威と脆弱性に対する理解

ソーシャルエンジニアリングの名称とその対策の表は、次のとおりである。

名称	対策
ピギーバック	オフィス内部へ一人ずつ認証しながら入室させるなど、入退室管理を徹底する。
トラッシング	書類やメディアなどの廃棄方法を明確化し、それを遵守させる。
ショルダーハック	パスワードを書いたメモをディスプレイに貼り付けるなど、不適切な取扱いをしない。

解答 ▶▶ エ

問題75 CPOの説明として最も適切なものを、ア〜エで答えなさい。

ア．個人情報データベース等の運用を円滑に進める責任を有する者である、「個人情報利用責任者」を指す。
イ．個人データに限定せず、事業者が保有する情報資源を統括する者である、「最高情報責任者」を指す。
ウ．個人データの安全管理の実施及び運用に関する責任及び権限を有する者である、「個人情報保護管理者」を指す。
エ．個人データに限定せず、事業者における業務執行に関する責任及び権限を有する者である、「最高執行責任者」を指す。

解説 ▶▶ 組織体制の整備

CPO（Chief Privacy Officer）とは、個人データの安全管理の実施及び運用に関する責任及び権限を有する者である、「個人情報保護管理者」を指す。具体的には、個人情報保護方針及び個人情報管理規程の策定、運用、改善を実施する。個人情報保護対策の要であるため、役員が就任することが望ましい。

解答 ▶▶ ウ

問題 76 個人情報保護の担当者の表において、（　）に入る最も適切な語句の組合せを、ア～エで答えなさい。

担当者	概要
（ a ）	個人データの取得・入力、移送・送信、利用・加工、保管・バックアップ、消去・廃棄などを行う。
（ b ）	個人データの取扱いに際して、支店または部門ごとに設置し、個人情報保護対策を現場の各従業者に徹底する。
（ c ）	個人データをデータベースとして管理したり、検索機能を提供する情報システムの管理を行う。

ア． a．運用責任者　　b．個人情報保護監査責任者　　c．作業責任者
イ． a．運用責任者　　b．情報管理責任者　　　　　　c．作業責任者
ウ． a．作業責任者　　b．個人情報保護監査責任者　　c．運用責任者
エ． a．作業責任者　　b．情報管理責任者　　　　　　c．運用責任者

解説 ▶▶ 組織体制の整備

個人情報保護の担当者の表は、次のとおりである。

担当者	概要
作業責任者	個人データの取得・入力、移送・送信、利用・加工、保管・バックアップ、消去・廃棄などを行う。
情報管理責任者	個人データの取扱いに際して、支店または部門ごとに設置し、個人情報保護対策を現場の各従業者に徹底する。
運用責任者	個人データをデータベースとして管理したり、検索機能を提供する情報システムの管理を行う。

解答 ▶▶ エ

問題77 以下の従業者の監督に関する文章を読み、誤っているものを1つ選びなさい。

- **ア．** 従業者の監督にあたり、情報セキュリティの脅威やそれに付随するさまざまな問題、責任及び義務に対する従業者の認識を確実なものとなるようにし、通常の業務の中での従業者による誤りのリスクを低減できるようにする。
- **イ．** 従業者の監督を適切に実施していたがそれでも事故が起きた場合は、従業者の監督を怠った結果として個人情報の漏えい事故が起きた場合に比べて、事業者に課せられる罰則や社会的制裁が重くなる可能性がある。
- **ウ．** 個人情報を保護するためには、個人情報を直接取り扱う従業者を監督するだけでは不十分であり、個人情報を取り扱う可能性のある従業者をすべて含めた広い範囲を監督対象とすべきである。
- **エ．** 従業者の監督に際しては、個人情報が漏えい、紛失、き損した場合の被害の大きさを考慮し、事業の性質及び個人情報の取扱い状況に起因するリスクに応じて、必要かつ適切な措置を講じる。

解説 ▶▶ 人的管理の実務知識

従業者の監督は、個人情報保護法においても義務付けられており、それぞれの組織・団体における人的安全管理措置として、従業者を必要かつ適切に監督することが求められている。また、従業者の監督を怠った結果として個人情報の漏えい事故が起きた場合は、従業者の監督を適切に実施していたがそれでも事故が起きた場合に比べて、事業者に課せられる罰則や社会的制裁が重くなる可能性がある。

解答 ▶▶ イ

問題 78 以下の従業者教育に関する文章を読み、最も適切なものを１つ選びなさい。

ア. 教育の対象はその企業と雇用関係を結んでいる正社員に限定すべきであり、アルバイトやパートタイマー、派遣社員、親会社やグループ会社からの出向者は含めない。

イ. 教育内容は社会情勢の変化や法制度の見直し、社内ルールの改定などに合わせて変えるべきではなく、最低限でも一年間は同一のカリキュラムを継続運用する。

ウ. 教育計画においては、部門ごとの繁閑状況を考慮した実施時期及び対象者のレベルや業務内容に応じた、教育テーマや教育手法などを盛り込む。

エ. 教育成果の確認においては、受講者の負担を配慮し、理解度の合格ラインを設定した確認テストなどは実施せず、研修の修了書を授与する。

解説 ▶▶ 人的管理の実務知識

従業者教育に関して、次のことに留意する。
- 教育の対象はその企業と雇用関係を結んでいる正社員だけではなく、アルバイトやパートタイマー、派遣社員、親会社やグループ会社からの出向者も含める。
- 教育内容は社会情勢の変化や法制度の見直し、社内ルールの改定など、状況に応じて適宜変えるようにし、一年を通して同一のカリキュラムを継続運用する必要はない。
- 教育計画においては、部門ごとの繁閑状況を考慮した実施時期及び対象者のレベルや業務内容に応じた、教育テーマや教育手法などを盛り込む。
- 教育成果の確認においては、受講者の負担を配慮しつつ、理解度の合格ラインを設定した確認テストなどを実施し、理解度をチェックすることが望ましい。

解答 ▶▶ ウ

問題79 外部委託先の選定基準において、パフォーマンスの評価項目に該当するものを1つ選びなさい。

- **ア．** 個人情報保護の管理体制
- **イ．** 受託実績
- **ウ．** 情報セキュリティ認証の取得状況
- **エ．** セキュリティ事故履歴

解説 ▶▶ 人的管理の実務知識

外部委託先の選定基準において、パフォーマンスの評価項目に該当するものは、**受託実績**や財務状況、作業の品質、コスト、納期などである。一方、情報セキュリティの評価項目は、個人情報保護の管理体制や情報セキュリティ認証の取得状況、セキュリティ事故履歴などである。

解答 ▶▶ イ

問題80 以下の文章は、入退室管理に関する内容である。（　）に入る最も適切な語句の組合せを、ア～エで答えなさい。

会社の施設において、一般の来訪者が入退室できる領域を（ a ）という。（a）には、受付や打合せコーナーなどを設置する。一方、従業者が個人情報を利用して執務を行う領域などを（ b ）という。（b）では、個人情報が外部に不正に持ち出されないように、ドアや個人情報の保管場所については施錠管理を行う。また、コピー機やファックス機などは、（b）の出入り口付近に（ c ）ようにする。

ア．a．オープンエリア　　　b．セキュリティエリア　　c．設置しない
イ．a．オープンエリア　　　b．セキュリティエリア　　c．設置する
ウ．a．セキュリティエリア　b．オープンエリア　　　　c．設置しない
エ．a．セキュリティエリア　b．オープンエリア　　　　c．設置する

解説 ▶▶ 物理的管理の実務知識

入退室管理に関する内容は、次のとおりである。

会社の施設において、一般の来訪者が入退室できる領域を**オープンエリア**という。**オープンエリア**には、受付や打合せコーナーなどを設置する。一方、従業者が個人情報を利用して執務を行う領域などを**セキュリティエリア**という。**セキュリティエリア**では、個人情報が外部に不正に持ち出されないように、ドアや個人情報の保管場所については施錠管理を行う。また、コピー機やファックス機などは、**セキュリティエリア**の出入り口付近に**設置しない**ようにする。

解答 ▶▶ ア

問題81 以下の表は、入退室の主体認証の種類と認証に用いるものの表である。（　）に入る最も適切な語句の組合せを、ア～エで答えなさい。

種類	認証に用いるもの
（ a ）	暗証番号、パスワードなど
（ b ）	ICカード、磁気カードなど
（ c ）	指紋、虹彩など

ア．a．所有情報　　b．知識情報　　c．生体情報
イ．a．所有情報　　b．生体情報　　c．知識情報
ウ．a．知識情報　　b．所有情報　　c．生体情報
エ．a．知識情報　　b．生体情報　　c．所有情報

解説 ▶▶ 物理的管理の実務知識

入退室の主体認証の種類と認証に用いるものの表は、次のとおりである。

種類	認証に用いるもの
知識情報	暗証番号、パスワードなど
所有情報	ICカード、磁気カードなど
生体情報	指紋、虹彩など

解答 ▶▶ ウ

問題 82 以下の文章は、バックアップの管理に関する内容である。（　）に入る最も適切な語句の組合せを、ア〜エで答えなさい。

データのバックアップは、次の点に留意する。
・バックアップデータは、パスワード管理などで（　a　）を行っていること。
・バックアップデータを保存した記憶媒体は、施錠管理及び数量管理を徹底し、（　b　）して保管されていること。
・トラブル対策として、バックアップデータからの（　c　）を定め、テストを定期的に行うこと。

ア． a．アクセス制限　　　b．一箇所に集中　　　c．複製手順
イ． a．アクセス制限　　　b．複数箇所に分散　　c．復旧手順
ウ． a．フィルタリング　　b．一箇所に集中　　　c．復旧手順
エ． a．フィルタリング　　b．複数箇所に分散　　c．複製手順

解説 ▶▶ 物理的管理の実務知識

バックアップの管理に関する内容は、次のとおりである。

データのバックアップは、次の点に留意する。
・バックアップデータは、パスワード管理などで**アクセス制限**を行っていること。
・バックアップデータを保存した記憶媒体は、施錠管理及び数量管理を徹底し、**複数箇所に分散**して保管されていること。
・トラブル対策として、バックアップデータからの**復旧手順**を定め、テストを定期的に行うこと。

解答 ▶▶ イ

問題 83 以下の文章は、機器の利用管理に関する内容である。（　）に入る最も適切な語句の組合せを、ア～エで答えなさい。

コピーやプリンタ、スキャナ、ファックスが一体となった多機能機器において、そこに内蔵されている代表的な記憶媒体は（　a　）である。（a）に一時的に保存される機密文書や利用者のパスワードの情報などを保護しなければならない。（a）は、通常、簡単に視認でき、交換が可能であるため、（a）に（　b　）を施す必要がある。また、機密情報を着脱が可能な記憶媒体である（　c　）に保存する場合、情報の盗難や（c）自体を紛失する可能性もある。その対策として、（c）の所有者を限定するとともに、（c）にも（b）を施すなど、徹底した管理が必要である。

ア． a．HDD　　b．暗号化　　c．USBメモリ
イ． a．HDD　　b．復号　　　c．ROM
ウ． a．RAM　　b．暗号化　　c．ROM
エ． a．RAM　　b．復号　　　c．USBメモリ

解説 ▶▶ 物理的管理の実務知識

機器の利用管理に関する内容は、次のとおりである。

コピーやプリンタ、スキャナ、ファックスが一体となった多機能機器において、そこに内蔵されている代表的な記憶媒体は<u>HDD</u>である。<u>HDD</u>に一時的に保存される機密文書や利用者のパスワードの情報などを保護しなければならない。<u>HDD</u>は、通常、簡単に視認でき、交換が可能であるため、<u>HDD</u>に<u>暗号化</u>を施す必要がある。また、機密情報を着脱が可能な記憶媒体である<u>USBメモリ</u>に保存する場合、情報の盗難や<u>USBメモリ</u>自体を紛失する可能性もある。その対策として、<u>USBメモリ</u>の所有者を限定するとともに、<u>USBメモリ</u>にも<u>暗号化</u>を施すなど、徹底した管理が必要である。

解答 ▶▶ ア

問題84 以下のオフィス内のセキュリティ管理に関する文章を読み、誤っているものを1つ選びなさい。

ア．社内で利用するコピー機は、第三者に使用されて個人情報が持ち出されないように、アクセス権付きのIDカードなどで利用制限をかける。
イ．FAXで個人情報などの重要な内容を送信する場合は、宛先を間違えないように注意し、着信したかどうかの確認を必ず行う。
ウ．従業者の座席表や連絡先リスト、顧客情報が保管されているキャビネットの配置図は、オフィス内の掲示板に貼り出し、どの従業者も目視できるようにする。
エ．ハードディスクが内蔵されている複合機のスキャナにおいては、保存先のディスクアクセス管理対策を行う。

解説 ▶▶ 物理的管理の実務知識

オフィス内のセキュリティ管理に関して、従業者の座席表や連絡先リスト、顧客情報が保管されているキャビネットの配置図は、オフィス内の掲示板に貼り出すことで、来訪者や部外者などが知るところになり、結果的に不要な情報漏えいにつながる可能性がある。

解答 ▶▶ ウ

問題85 以下の文章は、モバイルパソコンの利用に関する内容である。（　）に入る最も適切な語句の組合せを、ア～エで答えなさい。

> モバイルパソコンの利用を希望する場合は、あらかじめ上司や管理者の承認を得たうえで、（　a　）に申請する手続きを定める。(a)では、誰がどのモバイルパソコンを利用しているかを管理しなければならない。モバイルパソコンに個人情報などを保管して外出する場合には、紛失・盗難のリスクに備え、（　b　）やUSBトークン、生体認証などと連動できる製品を選択することが望ましい。また、公共の場所などでモバイルパソコンを操作する際には、他人に（　c　）されないように注意しなければならない。

ア． a．システム監査部門　　b．コピープロテクト　　c．盗み見
イ． a．システム監査部門　　b．BIOSパスワード　　c．改ざん
ウ． a．情報システム部門　　b．コピープロテクト　　c．改ざん
エ． a．情報システム部門　　b．BIOSパスワード　　c．盗み見

解説 ▶▶ 物理的管理の実務知識

モバイルパソコンの利用に関する内容は、次のとおりである。

> モバイルパソコンの利用を希望する場合は、あらかじめ上司や管理者の承認を得たうえで、**情報システム部門**に申請する手続きを定める。**情報システム部門**では、誰がどのモバイルパソコンを利用しているかを管理しなければならない。モバイルパソコンに個人情報などを保管して外出する場合には、紛失・盗難のリスクに備え、**BIOSパスワード**やUSBトークン、生体認証などと連動できる製品を選択することが望ましい。また、公共の場所などでモバイルパソコンを操作する際には、他人に**盗み見**されないように注意しなければならない。

解答 ▶▶ エ

問題 86

以下の文章は、社外から社内ネットワークへの接続に関する内容である。（　）に入る最も適切な語句の組合せを、ア〜エで答えなさい。

（　a　）とは、社外からダイヤルアップやインターネットを利用して、社内のメールサーバやファイルサーバなどに接続することである。（a）を利用する場合には、（　b　）などによる認証を利用し、安全性の高い保護対策を実施しなければならない。また、ユーザの電話番号が特定されている場合は、（　c　）というオプション機能を設定する。これによって、セキュリティレベルを高めるとともに、ユーザのコスト負担も低減することができる。

ア． a．リモートアクセス　　b．オープンID　　　　c．フィードバック
イ． a．リモートアクセス　　b．バイオメトリクス　c．コールバック
ウ． a．リモートアシスタンス　b．オープンID　　　c．コールバック
エ． a．リモートアシスタンス　b．バイオメトリクス　c．フィードバック

解説　物理的管理の実務知識

社外から社内ネットワークへの接続に関する内容は、次のとおりである。

リモートアクセスとは、社外からダイヤルアップやインターネットを利用して、社内のメールサーバやファイルサーバなどに接続することである。**リモートアクセス**を利用する場合には、**バイオメトリクス**などによる認証を利用し、安全性の高い保護対策を実施しなければならない。また、ユーザの電話番号が特定されている場合は、**コールバック**というオプション機能を設定する。これによって、セキュリティレベルを高めるとともに、ユーザのコスト負担も低減することができる。

解答　イ

問題 87 以下の文章は、クラウドサービスの提供条件の確認項目に関する内容の一部である。（　）に入る最も適切な語句の組合せを、ア～エで答えなさい。

- サービスの信頼性として、サービスの稼働率や障害発生頻度、障害時の回復目標時間などの（　a　）は示されているか。
- クラウドサービスにおけるセキュリティ対策が、（　b　）いるか。
- サービスの使い方がわからない際の利用者のサポートとして、（　c　）やFAQなどは提供されているか。

ア． a．サービスデスク　　　b．具体的に公開されて　　c．サービスレベル
イ． a．サービスデスク　　　b．すべてを非公開にして　c．サービスレベル
ウ． a．サービスレベル　　　b．具体的に公開されて　　c．サービスデスク
エ． a．サービスレベル　　　b．すべてを非公開にして　c．サービスデスク

解説 ▶▶ 物理的管理の実務知識

クラウドサービスの提供条件の確認項目に関する内容の一部は、次のとおりである。

- サービスの信頼性として、サービスの稼働率や障害発生頻度、障害時の回復目標時間などの**サービスレベル**は示されているか。
- クラウドサービスにおけるセキュリティ対策が、**具体的に公開されて**いるか。
- サービスの使い方がわからない際の利用者のサポートとして、**サービスデスク**やFAQなどは提供されているか。

解答 ▶▶ **ウ**

問題88 以下の文章は、JIS Q 27002:2014における「装置」のセキュリティに関する内容である。（　）に入る最も適切な語句の組合せを、ア～エで答えなさい。

- 装置は、作業領域への不必要なアクセスが（　a　）になるように設置する。
- 装置は、（　b　）の不具合による、停電、その他の故障から保護することが望ましい。
- 情報処理施設に接続する電源ケーブル及び通信回線は、可能な場合には、（　c　）するか、またはこれに代わる十分な保護手段を施す。

ア． a．最小限　　　b．サポートユーティリティ　　c．地下に埋設
イ． a．最小限　　　b．ユーティリティソフト　　　c．地上に敷設
ウ． a．最大限　　　b．サポートユーティリティ　　c．地上に敷設
エ． a．最大限　　　b．ユーティリティソフト　　　c．地下に埋設

解説 ▶▶ 物理的管理の実務知識

JIS Q 27002:2014における「装置」のセキュリティに関する内容は、次のとおりである。

- 装置は、作業領域への不必要なアクセスが**最小限**になるように設置する。
- 装置は、**サポートユーティリティ**の不具合による、停電、その他の故障から保護することが望ましい。
- 情報処理施設に接続する電源ケーブル及び通信回線は、可能な場合には、**地下に埋設**するか、またはこれに代わる十分な保護手段を施す。

解答 ▶▶ ア

問題89 以下の事業継続計画の策定の留意点に関する文章を読み、誤っているものを1つ選びなさい。

ア. どのような事故または災害を対象とするかによって、対処すべき事柄が異なるため、計画においては、対象の違いによる対応の違いを考慮して策定する。

イ. 対応活動においては、事前に詳細な事項にまで落とし込んで策定する。計画書に書かれていない細部の対応においては、緊急対応時の責任者や事業継続の責任者に託すべきではない。

ウ. どの時点で計画を発動するのかも重要なポイントであるため、一定の枠組みや判断基準を定めたうえで、緊急時対応の責任者や事業継続の責任者が計画の発動を行うというルールを定める。

エ. ある分野で全社的な事業継続計画が策定済みで、別の分野で新たな準備を検討する場合は、既存の事業継続計画と整合性を取りながら、新しい計画を作成する必要がある。

解説 ▶▶ 物理的管理の実務知識

事業継続計画の策定の留意点に関して、対応活動においては、事前に詳細な事項にまで落とし込んで策定すると、柔軟性に欠けることがある。計画書に書かれていない細部の対応においては、緊急対応時の責任者や事業継続の責任者に託すことも必要である。

解答 ▶▶ イ

問題90 以下の破られにくいパスワードの作成のポイントとして、正しい組合せをア～エで答えなさい。

a) 英字の大文字と小文字を使う。
b) 数字と記号を使う。
c) 辞書にある文字列を使う。
d) 長さは8文字以上にする。

ア. aとbとc **イ.** aとbとd **ウ.** aとcとd **エ.** bとcとd

解説 ▶▶ 情報システムセキュリティ

破られにくいパスワードの作成のポイントは、次のとおりである。
・英字の大文字と小文字を使う。
・数字と記号を使う。
・長さは8文字以上にする。
辞書にある文字列は、辞書攻撃によって簡単に見破られてしまう可能性があるため、注意が必要である。

解答 ▶▶ イ

問題91 以下の電子メールのセキュリティ管理に関する文章を読み、最も適切なものを1つ選びなさい。

ア．従業者においては、電子メールシステムを、個人的な目的のために使用することを許可する。また、できるだけHTMLメールの表示ができるWebメールを採用する。

イ．電子メールの末尾には、シグネチャとして、発信者の名前や所属先、連絡先（電子メールアドレス）などを書き添えるが、住所や電話番号などを含めるときは、必要以上に開示しない。

ウ．同一の電子メールを同報メールとして複数の宛先に同時に送信する場合は、「BCC（ブラインド・カーボンコピー）」を利用し、宛先の電子メールアドレスを表示する。ただし、不要な人にまで第三者の電子メールアドレスが表示されないように配慮する。

エ．同一の電子メールを特定の宛先に同時に送信する際、お互いに電子メールアドレスが他者に知られたくない場合は、「CC（カーボンコピー）」を利用する。

解説 ▶▶ 情報システムセキュリティ

電子メールのセキュリティ管理に関して、次のことに留意する。

・従業者においては、電子メールシステムを、業務の遂行を目的にする場合、または、業務に派生的な個人的目的の場合に限り、利用することを許可する。
・電子メールはテキストとして表示し、HTMLメールの表示は行われないようにする。特に、テキスト表示の設定が不可能なWebメールは、できるだけ利用しない。
・電子メールの末尾には、シグネチャとして、発信者の名前や所属先、連絡先（電子メールアドレス）などを書き添えるが、住所や電話番号などを含めるときは、必要以上に開示しない。
・同一の電子メールを同報メールとして複数の宛先に同時に送信する場合は、「CC（カーボンコピー）」を利用する。ただし、不要な人にまで第三者の電子メールアドレスが表示されないように配慮する。
・同一の電子メールを特定の宛先に同時に送信する際、お互いに電子メールアドレスが他者に知られたくない場合は、「BCC（ブラインド・カーボンコピー）」を利用する。

解答 ▶▶ イ

問題92 以下の文章は、アクセス制限に関する内容である。（　）に入る最も適切な語句の組合せを、ア～エで答えなさい。

システムに対するアクセス制限については、次の点に留意する。
・システムにアクセスできるデータ端末においては、（　a　）端末で個人情報にアクセスできるように登録し、不正にアクセスされることを防ぐ。
・個人情報に対する利用時間については、その時間を（　b　）ことによって、リスクを軽減する。
・個人情報へのアクセスに関する事実を正確に記録・管理し、セキュリティレベルを維持するために、（　c　）利用者数の制限を設けるようにする。

ア． a．共有された　　　b．制限しない　　　c．同時にアクセスする
イ． a．共有された　　　b．制限する　　　　c．経験や技能を保持する
ウ． a．限定された　　　b．制限しない　　　c．経験や技能を保持する
エ． a．限定された　　　b．制限する　　　　c．同時にアクセスする

解説 ▶▶ 情報システムセキュリティ

アクセス制限に関する内容は、次のとおりである。

システムに対するアクセス制限については、次の点に留意する。
・システムにアクセスできるデータ端末においては、**限定された**端末で個人情報にアクセスできるように登録し、不正にアクセスされることを防ぐ。
・個人情報に対する利用時間については、その時間を**制限する**ことによって、リスクを軽減する。
・個人情報へのアクセスに関する事実を正確に記録・管理し、セキュリティレベルを維持するために、**同時にアクセスする**利用者数の制限を設けるようにする。

解答 ▶▶ エ

問題93 以下の文章は、コンピュータウイルスに関する内容である。（　　）に入る最も適切な語句の組合せを、ア～エで答えなさい。

ボットは、強い増殖力をもつ（　a　）と、ネットワーク経由で攻撃者から遠隔操作される（　b　）の特徴をあわせもった不正プログラムで、感染したコンピュータのシステム情報が攻撃者に盗まれ、遠隔指令によってWebサイト攻撃や、迷惑メール送信などの攻撃活動を行う。ウイルス対策ソフトや監視ツールの機能を無効化するなど自己防衛機能をもつため、利用者に気づかれにくい。ボットに感染したままのパソコンを、（　c　）と呼ぶことがある。

- **ア.** a．トロイの木馬　　b．ワーム　　　　c．ゾンビパソコン
- **イ.** a．トロイの木馬　　b．ワーム　　　　c．フリーパソコン
- **ウ.** a．ワーム　　　　　b．トロイの木馬　c．ゾンビパソコン
- **エ.** a．ワーム　　　　　b．トロイの木馬　c．フリーパソコン

解説 ▶▶ 情報システムセキュリティ

コンピュータウイルスに関する内容は、次のとおりである。

ボットは、強い増殖力をもつ**ワーム**と、ネットワーク経由で攻撃者から遠隔操作される**トロイの木馬**の特徴をあわせもった不正プログラムで、感染したコンピュータのシステム情報が攻撃者に盗まれ、遠隔指令によってWebサイト攻撃や、迷惑メール送信などの攻撃活動を行う。ウイルス対策ソフトや監視ツールの機能を無効化するなど自己防衛機能をもつため、利用者に気づかれにくい。ボットに感染したままのパソコンを、**ゾンビパソコン**と呼ぶことがある。

解答 ▶▶ ウ

問題 94

以下の文章を読み、暗号の危殆化の説明として最も適切なものを1つ選びなさい。

- **ア．** 暗号のアルゴリズム自体や暗号を利用したシステムに問題が生じることによって、暗号の安全性が危ぶまれる状況に陥ること。
- **イ．** 鍵の選択の余地を増やしたり、欠陥が発見されていないアルゴリズムを用いることによって、暗号の解読を難しくすること。
- **ウ．** キーボードの並びや単純な英数字の羅列、辞書にある単語の組合せなどを用いることによって、第三者に容易に解析されてしまうこと。
- **エ．** 使用可能な文字の種類と総数を増やし、複雑に組み合わせることによって、記憶しにくく利便性を損なうこと。

解説 ▶▶ 情報システムセキュリティ

暗号の危殆化とは、暗号のアルゴリズム自体や暗号を利用したシステムに問題が生じることによって、暗号の安全性が危ぶまれる状況に陥ることをいう。暗号の危殆化が引き起こされる場面は、暗号アルゴリズム自体が問題ある場合や暗号を利用したシステムにおける運用上の問題が生じた場合、暗号を実装したソフトウェア・ハードウェアに問題がある場合などが挙げられる。

解答 ▶▶ ア

問題 95

以下のSSLの機能に関する文章を読み、最も適切なものを1つ選びなさい。

- **ア．** アクセスが許可されていないWebサイトへの通信を防ぐ。
- **イ．** Webサイト閲覧によるウイルス感染を検知する。
- **ウ．** Webサーバが乗っ取られることを防ぐ。
- **エ．** WebブラウザとWebサーバ間の通信を暗号化する。

解説 ▶▶ 情報システムセキュリティ

SSLは、公開鍵暗号方式と共通鍵暗号方式を組み合わせて、データを送受信する通信手順であり、通信経路におけるデータの盗聴や改ざん、なりすましなどを防ぐことができる。Webブラウザに装備されており、電子決済などにおけるクレジットカード情報や個人情報の送受信に使用されている。従って、SSLの機能に関して、特徴的なものは、**WebブラウザとWebサーバ間の通信を暗号化する**ことである。

解答 ▶▶ エ

問題96 以下の文章は、通信相手の認証方式に関する内容である。（　）に入る最も適切な語句の組合せを、ア～エで答えなさい。

> 電子メールなどにおけるコミュニケーション相手の（　a　）の確認も、個人情報保護の観点から重要なポイントである。ネットワーク越しの相手を認証するための基盤である（　b　）認証においては、電子メールなどのメッセージに対して、シグネチャとして（　c　）を付けると、通信相手の（a）の認証ができる。

- **ア．** a．他人性　　b．PKI　　　c．電子透かし
- **イ．** a．他人性　　b．TKIP　　c．電子署名
- **ウ．** a．本人性　　b．PKI　　　c．電子署名
- **エ．** a．本人性　　b．TKIP　　c．電子透かし

解説 ▶▶ 情報システムセキュリティ

通信相手の認証方式に関する内容は、次のとおりである。

> 電子メールなどにおけるコミュニケーション相手の**本人性**の確認も、個人情報保護の観点から重要なポイントである。ネットワーク越しの相手を認証するための基盤である**PKI**認証においては、電子メールなどのメッセージに対して、シグネチャとして**電子署名**を付けると、通信相手の**本人性**の認証ができる。

解答 ▶▶ ウ

問題97 以下の電子メールの添付ファイルの取扱いに関する文章を読み、誤っているものを1つ選びなさい。

- **ア.** 見知らぬ相手先から送信されたメールの添付ファイルについては、安全を確認することが難しいため、無条件に削除することが望ましい。
- **イ.** 添付ファイル付きでメールを送信する場合には、当該ファイルのウイルス検査を行ってから実施することが望ましい。
- **ウ.** 知人から送信された添付ファイル付きのメールは、無条件に送信者を信用せず、当該ファイルのウイルス検査を行い、疑わしい場合は、先方に問い合わせるなど、安全を確認してから使用することが望ましい。
- **エ.** メールの本文でまかなえるような文章でも、テキストエディターやワープロソフトなどでファイルを作成してメールに添付し、受信者に対してわかりやすいメッセージを残すことが望ましい。

解説 ▶▶ 情報システムセキュリティ

電子メールの添付ファイルの取扱いに関して、メールの本文でまかなえるような文章は、テキストエディターやワープロソフトなどでファイルを作成してメールに添付しないことが望ましい。その理由は、受信者にウイルス検査の作業負担を生じさせたり、受信者に不安感を残してしまうからである。やむを得ず添付ファイル付きでメールを送信する場合には、当該ファイルのウイルス検査を行うとともに、そのメールの本文以外で、添付ファイルを送付した旨とその内容を事前に受信者に伝えることが望ましい。

解答 ▶▶ エ

問題 98

不正アクセスに対する防御策とその概要の表において、（　）に入る最も適切な語句の組合せを、ア〜エで答えなさい。

防御策	概要
（ a ）	ファイアウォールのセキュリティ機能を補完するもので、不正アクセスの侵入を検知して通報する。
（ b ）	（a）の防御機能をさらに強化したもので、不正アクセスを検知したときにその通信を遮断する。
（ c ）	非武装地帯という意味であり、ファイアウォールを構築するときは、外部に公開するWebサーバやFTPサーバをここに置く。

ア．a．IDS　　b．DMZ　　c．IPS
イ．a．IDS　　b．IPS　　c．DMZ
ウ．a．IPS　　b．DMZ　　c．IDS
エ．a．IPS　　b．IDS　　c．DMZ

解説 ▶▶ 情報システムセキュリティ

不正アクセスに対する防御策とその概要は、次の表のとおりである。

防御策	概要
IDS	ファイアウォールのセキュリティ機能を補完するもので、不正アクセスの侵入を検知して通報する。
IPS	IDSの防御機能をさらに強化したもので、不正アクセスを検知したときにその通信を遮断する。
DMZ	非武装地帯という意味であり、ファイアウォールを構築するときは、外部に公開するWebサーバやFTPサーバをここに置く。

解答 ▶▶ イ

問題99

以下の文章は、コンピュータウイルスの対策方法に関する内容である。（　）に入る最も適切な語句の組合せを、ア〜エで答えなさい。

ウイルス関連情報を収集して利用者に周知・徹底し、ウイルス対策レベルを維持・向上させる必要がある。ウイルスは日々新種が発見されているので、ウイルス対策ソフトの（　a　）は常に最新のものに更新する。そのうえで、ウイルス対策ソフトを用いてウイルスの有無を定期的に検査する。また、ウイルス対策ソフト自体も、常に（　b　）するようにする。なお、ウイルスに感染した場合は、感染したシステムの（　c　）し、ただちにシステム管理者に連絡して、その指示に従う。

ア． a．パターンファイル　　b．アップグレード　　c．使用を中止
イ． a．パターンファイル　　b．ダウングレード　　c．復旧を実行
ウ． a．ログファイル　　　　b．アップグレード　　c．復旧を実行
エ． a．ログファイル　　　　b．ダウングレード　　c．使用を中止

解説 ▶▶ 情報システムセキュリティ

コンピュータウイルスの対策方法に関する内容は、次のとおりである。

ウイルス関連情報を収集して利用者に周知・徹底し、ウイルス対策レベルを維持・向上させる必要がある。ウイルスは日々新種が発見されているので、ウイルス対策ソフトの**パターンファイル**は常に最新のものに更新する。そのうえで、ウイルス対策ソフトを用いてウイルスの有無を定期的に検査する。また、ウイルス対策ソフト自体も、常に**アップグレード**するようにする。なお、ウイルスに感染した場合は、感染したシステムの**使用を中止**し、ただちにシステム管理者に連絡して、その指示に従う。

解答 ▶▶ ア

問題100 以下の文章は、無線LANのセキュリティ管理に関する内容である。（　）に入る最も適切な語句の組合せを、ア〜エで答えなさい。

> 無線LAN機器は、（ a ）が発信しているビーコン信号をキャッチして接続を開始する。また、（ b ）は（a）を識別するために付けられている名前で、同じ（b）を設定した無線LAN機器だけが接続可能になる。なお、第三者からの不正アクセスを防ぐためには、(b)を非公開にしたり、(a)を検知させない（ c ）を採用することが望ましい。

ア. a．アクセスポイント　　b．ESSID　　　　c．ステルス機能
イ. a．アクセスポイント　　b．MACアドレス　c．ANY接続機能
ウ. a．ルータ　　　　　　　b．ESSID　　　　c．ANY接続機能
エ. a．ルータ　　　　　　　b．MACアドレス　c．ステルス機能

解説 ▶▶ 情報システムセキュリティ

無線LANのセキュリティ管理に関する内容は、次のとおりである。

> 無線LAN機器は、**アクセスポイント**が発信しているビーコン信号をキャッチして接続を開始する。また、**ESSID**は**アクセスポイント**を識別するために付けられている名前で、同じ**ESSID**を設定した無線LAN機器だけが接続可能になる。なお、第三者からの不正アクセスを防ぐためには、**ESSID**を非公開にしたり、**アクセスポイント**を検知させない**ステルス機能**を採用することが望ましい。

解答 ▶▶ ア

個人情報保護実務検定試験申込書

試験日	平成　年　月　日	会社名	部署名	学校名	
会場名					
フリガナ		性別	生年月日（西暦）		年齢
氏名		男・女	年　月　日		歳
フリガナ					
個人住所	〒　　　　　　　TEL　（　　）				
メールアドレス	@				
受験会場	札幌　仙台　東京　町田　横浜　宇都宮　さいたま　千葉　松戸　静岡 名古屋　津　大阪　堺　京都　神戸　岡山　広島　福岡　鹿児島　沖縄 ※会場は変更の可能性がありますので、必ずホームページでご確認ください。				

【ご記入前にお読みください】

① 当協会の検定試験のお申込みは、本申込書にご記入の上、当協会までお送りください。
② 団体でのお申込みは、取りまとめ者の方が一括して当協会までお送りください（20名以上の場合は、当協会までお問い合わせください）。
③ 上記の枠内は、すべてご記入ください。
④ お申込みいただきますと、試験の中止等の理由以外ではキャンセルできません。
⑤ 受験する級名を丸で囲み（下記）、受験会場はホームページ、チラシなどで必ずご確認の上、上記枠内にご記入ください。
⑥ 申込期間内に申込書を当協会までご郵送ください（申込期間最終日の消印まで有効）。
⑦ 個人情報の取り扱いにつきましては、当協会ホームページの「プライバシーポリシー」をご確認ください。
※試験の種類、試験日、受験地区、申込期間は必ず当協会のホームページ、チラシなどでご確認ください。

http://www.joho-gakushu.or.jp/

	受験料（税抜）
1級	10,000円
2級	8,000円
3級	6,000円

申込書発送先

一般財団法人 全日本情報学習振興協会
〒101-0061
東京都千代田区三崎町3-7-12 清話会ビル5F
TEL：03-5276-0030　FAX：03-5276-0551

好評既刊書籍

マイナンバー実務検定
過去問題・解答・解説集

Vol.3-1 1級　Vol.3-2 2級　Vol.3-3 3級

・マイナンバー対策の決定版
・詳しい解説で学習効率UP
・合格必須の過去問題集

定価　1級・2級　1,800円＋税
　　　　3級　1,200円＋税

新版 すべての事業者に必須の
個人情報保護実務検定 精選対策問題集

2016年4月21日　初版第1刷発行

編　者	一般財団法人 全日本情報学習振興協会
発行者	牧野 常夫
発行所	一般財団法人 全日本情報学習振興協会
	〒101-0061　東京都千代田区三崎町 3-7-12
	清話会ビル5F
	TEL：03-5276-6665
発売所	株式会社 泰文堂
	〒108-0075　東京都港区港南 2-16-8
	ストーリア品川 17F
	TEL：03-6712-0333
ＤＴＰ	株式会社 明昌堂
印刷・製本	株式会社 トキワメディアサービス

※本書のコピー、スキャン、電子データ化等の無断複製は、著作権法上の例外を除き、禁じられております。
※乱丁・落丁は、ご面倒ですが、一般財団法人 全日本情報学習振興協会までお送りください。送料は弊財団負担にてお取り替えいたします。
※定価はカバーに表示してあります。

©2016　一般財団法人 全日本情報学習振興協会　Printed in Japan

ISBNコード　978-4-8030-0908-8　C2034